55 Stundeneinstiege Physik

einfach, kreativ, motivierend

2. Auflage 2022

Autor*innen: Mathias Kommert
Illustrationen: Stefanie Aufmuth, Corina Beurenmeister, Julia Flasche, Carmen Hochmann, Steffen Jähde, Hendrik Kranenberg, Carla Miller, Björn Okesson, Thorsten Trantow, Bettina Weyland, Michael Wrede
Satz: Satzpunkt Ursula Ewert GmbH, Bayreuth
Druck und Bindung: Korrekt Nyomdaipari Kft., Budapest
ISBN 978-3-403-**07762**-6

www.auer-verlag.de

Wie fange ich bloß die Stunde an?

Diese Frage steht oft am Anfang der Unterrichtsplanungen. Stundeneinstiege dienen im Allgemeinen der Motivation der Schülerinnen und Schüler[1]. Sie sollen so gestaltet sein, dass sie sie ansprechen und ihr Interesse für ein Thema wecken. So geht die Spannungskurve des Unterrichts bereits zu Beginn des Unterrichts deutlich nach oben. Bildlich gesprochen könnte man sagen, dass ein guter Stundeneinstieg die Schüler abholt und mitnimmt.

Das **Abholen** kann auch erfolgen, indem der Stundeneinstieg das Vorwissen der Lernenden bewusst zum Thema macht. So wird ein Andocken und damit ein Lernen im Sinne des Konstruktivismus ermöglicht. Alternativ kann der Stundeneinstieg aber auch bewusst die Schülervorstellungen zum Stundenthema oder einer Unterrichtseinheit sichtbar machen.

Lernen von Physik ist bekanntlich viel mehr als die Aneignung von Detailwissen. Es geht vielmehr darum, Strukturen zu erkennen und aufzubauen. Dazu ist es oft notwendig, dass sich die Schüler der Grenzen ihrer Alltagsvorstellungen bewusst werden und merken, dass diese zur Erklärung mancher Phänomene nicht taugen. In der Fachdidaktik spricht man dann von einem **kognitiven Konflikt**. Viele der hier beschriebenen Stundeneinstiege erzeugen einen solchen kognitiven Konflikt.

Im Physikunterricht spielt darüber hinaus die **Problemorientierung** eine besondere Rolle. Oft wird ein solches Problem mithilfe eines geeigneten Einstiegs aufgeworfen. Viele der hier beschriebenen Einstiege erfüllen diese Anforderung. Teilweise ist es allerdings noch notwendig, den Zusammenhang zwischen dem Einstieg, der Problemstellung und der Erarbeitung (z. B. mithilfe eines Versuchs) aufzuzeigen. Das kann z. B. durch eine gemeinsame Versuchsplanung erfolgen.

Alle dargestellten Vorschläge sind in der Praxis erprobt. Die Angaben zum Aufbau sind möglichst konkret gehalten, lassen sich aber meist auch mit leicht abgewandelten Materialien durchführen. Die meisten Stundeneinstiege sind mit ganz einfachen Mitteln realisierbar und bedürfen daher keiner großen Physiksammlung.

1 Wenn in diesem Buch von Schüler gesprochen wird, ist auch immer die Schülerin gemeint. Ebenso verhält es sich mit Lehrer und Lehrerin.

Der Aufbau der Handreichung

Die Handreichung ist nach den Themengebieten der Physik gegliedert. Dabei wurde jeweils ein möglicher Ansatz mit einem konkreten Inhalt verknüpft. Zur schnelleren Orientierung sind die Seiten immer gleich aufgebaut und verwenden folgende Icons:

= Dauer

= Voraussetzungen

= Material

Die Angabe der **Dauer** bezieht sich auf das konkrete Beispiel und dient der Orientierung. Sie kann aufgrund der Leistungsfähigkeit der Klasse oder der konkreten Ausgestaltung variieren. Wenn sich aus dem Einstieg unmittelbar eine Erarbeitung ergibt, die im Text konkret dargestellt ist, dann ist die notwendige Zeit dafür bei der Dauer mit berücksichtigt.

Die **Voraussetzungen** beziehen sich im Allgemeinen auf besondere Anforderungen an den Raum, z. B. Internet oder Probleme mit Feuermeldern. Ansonsten ist angegeben, dass keine besonderen Voraussetzungen notwendig sind. Das notwendige Vorwissen für den Einstieg ergibt sich aus dem Beispiel.

Das benötigte **Material** ist jeweils für einen Versuch angegeben. Bei Schülerversuchen ist entsprechend ein Vielfaches an Geräten notwendig.

Die **Durchführung** beschreibt die Methode, unabhängig von einer konkreten Unterrichtsstunde und bezieht sich auf den kursiv geschriebenen Teil der Überschrift. Das **Beispiel** stellt die konkrete Anwendung der Methode auf ein Thema dieser Unterrichtseinheit dar. Die Methoden lassen sich auf andere Inhalte übertragen. So taucht manche Methode in einem anderen Kapitel mit einem anderen Beispiel noch einmal auf.

Am Ende finden sich jeweils **weitere Hinweise**, z. B. zur Sicherheit, Tipps zur Durchführung oder Informationen zu möglichen bzw. hilfreichen Internetrecherchen.

Raum mit guter Verdunkelungsmöglichkeit und ohne Rauchmelder (soweit möglich)

1 Laserpointer, 1 Nebelmaschine (alternativ: Kreidestaub oder Deo-Pumpzerstäuber)

Durchführung:

- Eine Frage, die nicht klar zu beantworten ist, wird gestellt.
- Es gibt kurz Zeit zum Nachdenken, wobei sich die Schüler nicht mit ihren Nachbarn austauschen sollen.
- Alle Schüler stimmen gleichzeitig ab (z. B. JA = linker Arm, NEIN = rechter Arm).
- Das Abstimmungsverhalten wird diskutiert.
- Die Frage wird so verändert, dass sie klar zu beantworten ist.

Beispiel:

© Michael Pohl; MEV-Verlag

- Die Frage lautet beispielsweise: „Ist Licht sichtbar?" Diese Frage ist unsinnig, weil es gute Gründe für beide möglichen Antworten gibt. „JA" ist sinnvoll, da Licht unter bestimmten Bedingungen wahrnehmbar ist; „NEIN" ist bei IR- und UV-Licht korrekt.
- Die anschließende Diskussion kann um einen Gedanken erweitert werden: Mit einem Laserpointer wird an die Wand geleuchtet, mit der anderen Hand auf den (nicht sichtbaren) Strahl gedeutet. Hierzu kann die folgende Frage gestellt werden: „Befindet sich hier unter meinem Finger Licht?"
- Der Laserstrahl kann mit kleinsten Partikeln in der Luft sichtbar gemacht werden, z. B. mit einer Nebelmaschine, mit Kreidestaub oder mit fein zerstäubtem Wasser. Der Raum muss dafür jedoch gut abgedunkelt sein.
- Am Ende wird die ursprüngliche Frage konkretisiert: „Unter welchen Bedingungen können wir Licht wahrnehmen?"

Weitere Hinweise:

- Beachten Sie die aktuell gültigen Sicherheitsregeln zum Einsatz von Lasern im Unterricht!
- Durch den Nebel könnte ein Rauchmelder ausgelöst werden!
- Mit diesem Einstieg wird eine hohe kognitive Aktivierung erreicht. Er ist gut geeignet, um das Vorwissen und die Vorstellungen der Schüler sichtbar zu machen.

Spielfilmausschnitt: Laserschwert

ca. 15 Min. | ab Kl. 6

Internet

1 Computer mit Beamer und Lautsprecher

Durchführung:

- Es wird ein Ausschnitt aus einem Film gezeigt, bei dem mithilfe eines Tricks ein Effekt gezeigt wird, der physikalisch nicht möglich ist.
- Es schließt sich eine Diskussion an, die den Effekt aus physikalischer Sicht erörtert.
- Für die Diskussion eignet sich z. B. ein Placemat: Die Schüler bilden Gruppen, notieren aber zunächst in Einzelarbeit ihre Gedanken auf je einer Seite eines Blattes. Daran schließt sich ein Austausch in der Gruppe an und die Formulierung eines gemeinsamen Ergebnisses. Dieses wird abschließend für die ganze Klasse präsentiert.

Beispiel:

- Es wird der Trailer eines Science-Fiction-Films gezeigt, in dem Laserschwerter zu sehen sind, z. B. Star Wars. Auch Laserstrahlen von kämpfenden Raumschiffen könnten zu sehen sein.
- Im Anschluss an den Filmausschnitt nimmt man in jede Hand einen Laserpointer und versucht den Kampf nachzustellen – vergeblich versteht sich.
- Die Schüler diskutieren mithilfe eines Placemats, inwiefern der Film mit einer falschen Vorstellung von Licht und Sichtbarkeit arbeitet.

© Digipic; Fotolia.com

Weitere Hinweise:

- Beachten Sie die aktuell gültigen Sicherheitsregeln zum Einsatz von Lasern im Unterricht!
- Eine Internetrecherche mit den Begriffen „Star Wars Trailer" liefert geeignete Filmausschnitte.
- Im Internet findet man zudem verschiedene Vorlagen für Placemats.

Raum mit Verdunkelungsmöglichkeit

große Klebepunkte, 1 Lampe (z. B. Klemmspot), 1 Hindernis (z. B. Pappe am Stativ), Wollfäden

Durchführung:

- Es wird eine Frage gestellt.
- Die Schüler beantworten die Frage, indem sie einen Klebepunkt an der Tafel an eine bestimmte Stelle kleben.
- Das Abstimmungsverhalten wird in der Klasse diskutiert, die Schülervorstellungen werden so sichtbar gemacht.
- Die Frage wird beantwortet, z. B. mithilfe eines Versuchs.
- Die richtige Lösung wird plausibel gemacht und erklärt.

Beispiele:

- Die Frage lautet: „Wo entsteht der Schatten bei diesem Aufbau?“
- Der Versuch: Auf dem Pult sind eine nicht eingeschaltete Lampe und ein Hindernis (z. B. Stativ mit Kreis aus Pappe) so angeordnet, dass an der Tafel ein Schattenbild entstehen wird.
- Die Schüler kleben ihren Punkt an die Stelle, an der sie das Schattenbild vermuten.
- Die Frage wird durch Einschalten der Lampe beantwortet.
- Das Ergebnis wird plausibel gemacht, indem die Randstrahlen des Schattens mit Wollfäden von der Lampe über das Hindernis zum Schattenbild an der Tafel modelliert werden.
- Möglichkeit eines weiteren Versuchs (Schüler- oder Demonstrationsexperiment): Ein Hindernis wird in den Strahlengang einer Experimentierleuchte mit fünf Spaltöffnungen gebracht. Einzelne Lichtstrahlen treffen auf das Hindernis, andere gehen am Hindernis vorbei.

Weiterer Hinweis:

- Wollfäden lassen sich auch zur Erklärung anderer optischer Phänomene verwenden, z. B. bei der Bildentstehung an einer Blende (Lochkamera) oder bei weiteren Schattenbildern (vgl. Einstieg auf der nächsten Seite).

Raum mit Verdunkelungsmöglichkeit

1 Foto zum Thema Schatten, Bauklötze, Teelichter, Wollfäden

Durchführung:

- Ein Foto wird kopiert und ausgeteilt (einmal je Gruppe).
- Zum Foto wird eine Frage formuliert.
  Alternative: Die Frage schriftlich auf der Kopie notieren.
- Die Schüler diskutieren die Frage in Gruppen und entwickeln dafür einen Versuchsaufbau.
- Sie erstellen eine Skizze zur Erklärung des Phänomens auf der Modellebene.

Beispiele:

- 1) Das Foto zeigt die Mehrfachschatten von Fußballspielern. Als Frage eignet sich sehr gut eine unsinnige Frage (vgl. Einstieg *„Unsinnige Frage:* Ist Licht sichtbar?“), z. B. „Wie spät ist es?“. Die Frage lässt sich zwar nicht beantworten, sie regt aber dazu an, das Phänomen mit Teelichtern und Bauklötzen zu simulieren. Die Erklärung des Phänomens kann mit Wollfäden erfolgen (vgl. Einstieg *„Spielfilmausschnitt:* Laserschwert“).
- 2) Das Foto zeigt ein Kind bzw. einen Gegenstand mit sehr deutlichem Schattenwurf durch die Sonne. Auch hier eignet sich die unsinnige Frage „Wie spät ist es?“. Auf diese Weise lässt sich sehr gut das Vorwissen zum Sonnenstand in Abhängigkeit von Tages- und Jahreszeit aktivieren.

Weitere Hinweise:

- Bilder für das erste Beispiel findet man über eine Internetrecherche mit den Begriffen „Fußball Flutlicht“.
- Das zweite Beispiel greift Themen auf, die je nach Bundesland auch im Erdkunde- bzw. Geographieunterricht verankert sein können.

keine besonderen Voraussetzungen

4 Schuhkartons bzw. Kopierkartons, 4 Teelichter, Spiegel, Kamera

Durchführung:

- Der Versuchsaufbau wird gezeigt und erklärt.
- Zu dem Versuchsaufbau wird eine Frage oder eine Problemstellung formuliert.
- Es werden Vermutungen zu der Frage bzw. zu der Problemstellung gesammelt und an der Tafel festgehalten.
- Die Frage wird nicht gleich beantwortet, sondern es folgt ein Versuch, mit dem die Schüler die Frage selber beantworten können. Dieser wird nach Möglichkeit gemeinsam geplant.

Beispiele:

- (1) Auf dem Pult stehen vier Teelichter, verdeckt von beschrifteten Kartons (A–D). Eine Kamera ist auf einen Spiegel an der Tafel gerichtet, über den das Bild einer der vier Kerzen gesehen und projiziert wird. Nur diese Kerze brennt.
- Es werden Vermutungen geäußert, hinter welchem Karton sich die brennende Kerze befindet.
- Die Schüler erhalten Spiegel und Teelichter, um den Versuch nachzubauen.
- (2) Alternativ kann auch mit einer Taschenlampe auf den Spiegel geleuchtet werden. Setzt man einen Kamm in den Strahlengang, wird das Reflexionsgesetz gut sichtbar.
- Der Lichtweg an der Tafel kann mit einem Wollfaden dargestellt werden.

Weiterer Hinweis:

- Es sollte auf einen stabilen Aufbau und genügend Abstand von Flamme und Karton geachtet werden!

keine besonderen Voraussetzungen

1 durchsichtige Glas- oder Kunststoffwanne (z. B. Küvette 30 × 8 × 15 cm³), Wasser (ca. 10 cm hoher Wasserstand), Stativmaterial, 1 Rohr (ca. 20 – 30 cm lang, ca. 10 mm Innendurchmesser), 1 Rundholz (8 mm Durchmesser), Münzen

Durchführung:

- Es wird ein Versuchsaufbau gezeigt.
- Der Versuch bzw. der Versuchsaufbau wird in eine kleine Geschichte eingebettet und dabei durchgeführt.

Beispiel:

- Der Versuchsaufbau besteht aus einer mit Wasser gefüllten Wanne. Daneben steht ein Stativ, in dem ein Rohr eingespannt ist, sodass man durch das Rohr hindurch von oben in das Wasser sehen kann.
- Es wird eine Geschichte von Indianern erzählt, die mit Speeren Fische fangen. Da normalerweise keiner der Schüler indianische Vorfahren hat, wird mit Zielfernrohr gefischt. Auch die Fische sehen etwas anders aus, es sind Münzen.
- Die Versuchsdurchführung besteht daraus, dass ein Schüler das Stativ so verschiebt, dass die Münze in der Wanne (der Fisch) durch das Rohr am Stativ (das Zielfernrohr) zu sehen ist. Dann wird der Speer (das Rundholz) abgeschossen (durch das Rohr gesteckt). Wer es schafft, den „Fisch" mit dem „Speer" zu erlegen, darf ihn behalten. Sonst erhält der Lehrer den „Fisch".

Weitere Hinweise:

- Je flacher der Winkel des Zielfernrohrs ist und je höher das Wasser steht, desto deutlicher verfehlt der Speer sein Ziel.
- In der Regel wird erst beim vierten oder fünften Versuch die Münze getroffen. Man kann daher bedenkenlos mit einer 2 €-Münze beginnen und die „Fische" dann zunehmend kleiner werden lassen.

Raum ohne Rauchmelder

1 Tageslichtprojektor, 1 Zeitung

Durchführung:

- Es wird eine Quizfrage gestellt und vier mögliche Antworten werden zur Auswahl angegeben.
- Die Schüler tippen gleichzeitig, welche Antwort richtig ist. Dazu können z. B. farbige oder nummerierte Karten verwendet werden. Falls Bewegung gewünscht ist, können auch die vier Ecken des Klassenzimmers den Antworten zugeordnet werden.
- Die Quizfrage wird aufgelöst, am besten mithilfe eines Versuchs, der die Antwort gibt.

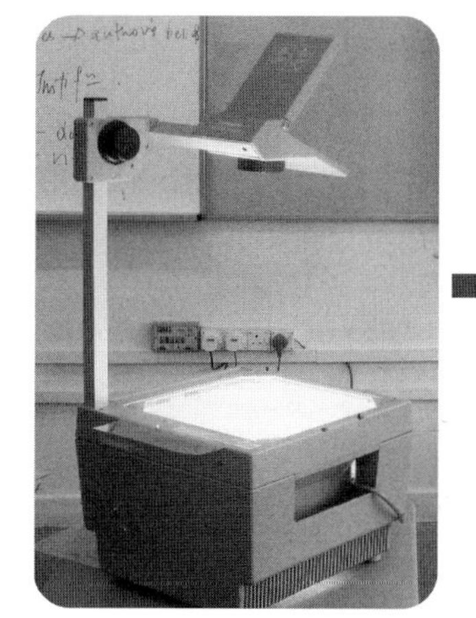

Beispiel:

- Die Quizfrage lautet: In was lässt sich ein Tageslichtprojektor verwandeln?
- Die möglichen Antworten lauten: A) in eine Bombe; B) in ein Fernglas; C) in ein Feuerzeug; D) in einen Lautsprecher.
- Die Lösung wird mithilfe eines Versuchs gegeben: Das Objektiv mit Umlenkspiegel (also der höhenverstellbare
- Teil) wird entfernt. Dann strahlt der Projektor an die Decke. Im unteren Teil des Projektors befinden sich Linsen, die das Licht der Lampe bündeln. Ein Blatt Zei
- tungspapier wird so in den Strahlengang gehalten, dass es sich genau im Brennpunkt befindet. Es fängt dabei Feuer. Richtig ist also Antwort C „Feuerzeug".

Weitere Hinweise:

- Die Sicherheitsregeln im Umgang mit offenem Feuer sind zu beachten!
- Wenn das Papier entflammt, kann es zur Rauchentwicklung kommen, sodass vorhandene Rauchmelder ausgelöst werden könnten!
- Der Quiz-Effekt kann verbessert werden, indem das Jingle (die Erkennungsmelodie) einer bekannten Quizsendung eingespielt wird oder ein entsprechendes Logo gezeigt wird.

Quelle des Fotos: © https://commons.wikimedia.org/wiki/File:OHP-sch.JPG; mailer_diablo, CC BY-SA 3.0 <https://creativecommons.org/licenses/by-sa/3.0>, via Wikimedia Commons

keine besonderen Voraussetzungen

4 Linsen pro Gruppe (Brennweiten z. B. –30 mm, 30 mm, 100 mm, 200 mm), evtl. 1 Blatt Papier als Schirm

Durchführung:

- Es wird eine Problemstellung aufgeworfen, die durch entdeckendes Lernen beantwortet werden kann.
- Es eignen sich nur Phänomene, die sehr deutlich zu beobachten sind, weil sie sonst leicht übersehen werden können. Fehler und Irrwege sollten möglich sein.
- Es findet eine Auswertung der Ergebnisse statt, bei der die oft unsystematischen Beobachtungen strukturiert werden.

Beispiel:

- Die Schüler erhalten verschiedene Linsen.
- Die Fragestellung lautet: „Welche Linse eignet sich am besten, um ein Bild auf die Wand des Physikraums zu zaubern?"
- Folgende Tipps helfen: „Halte die Linsen parallel zur Fensterfront."/„Variiere den Abstand der Linsen zur Wand".
- Ziel der Auswertung sind Aussagen zu Sammel- und Zerstreuungslinsen sowie zum Zusammenhang von Bildweite, Bildgröße und Brennweite in Form von je-desto-Aussagen.

Weitere Hinweise:

- Als Schirm eignet sich die Wand gegenüber der Fensterfront. Wenn die Schüler sitzen bleiben sollen, kann auch ein Blatt Papier verwendet werden, das parallel zur Fensterfront gehalten wird. Die besten Ergebnisse werden erzielt, wenn es draußen hell und im Raum eher dunkel ist.

- Mit Hilfestellung kann auch der Zusammenhang zwischen Gegenstandsweite und Bildweite entdeckt werden (Personen im Raum bzw. Gegenstände außerhalb des Raums scharf stellen).
- Im Internet werden günstige Linsen aus Acrylglas angeboten. Die hier vorgeschlagenen Linsen kosten ca. 5 € pro Gruppe.

keine besonderen Voraussetzungen

2 Bechergläser, 1 Glasscheibe (ca. DIN A4) mit Halterung, 2 identische Kerzen bzw. Teelichter, 1 Feuerzeug bzw. Streichhölzer

Durchführung:

- Es wird ein Versuch gezeigt, der verblüffend und zunächst nicht erklärbar ist.
- Der Effekt der Magie kann verstärkt werden, indem ein Zaubertuch, ein Zauberstab oder schlicht und einfach „magische Hände" verwendet werden.

Beispiel:

- In einem Becherglas befindet sich eine Kerze. Davor befindet sich eine Glasscheibe und im gleichen Abstand eine identische Kerze.
- Wird die Kerze vor der Glasplatte angezündet, so wirkt es auf Grund der Reflexion an der Glasplatte, als würde auch die hintere Kerze brennen.
- Nun kann man in das Becherglas mit der Kerze vorsichtig Wasser gießen. Es wirkt, als würde die Kerze auch unter Wasser brennen.

- Der Effekt der Magie lässt sich verbessern, indem die vordere Kerze so verdeckt wird, dass sie für die Schüler nicht sichtbar ist. Dazu muss der ganze Aufbau so gedreht werden, dass die Abdeckung der vorderen Kerze den Blick auf die hintere Kerze nicht verdeckt.

Weitere Hinweise:

- Die Kerze im Becherglas muss am Boden festgeklebt werden, damit sie nicht auf dem Wasser schwimmt. Das geht z. B. mit Wachsklebeplättchen aus dem Drogeriemarkt.
- Die Glasscheibe muss exakt die Mittelsenkrechte der Verbindung der beiden Kerzen darstellen.
- Es empfiehlt sich, eine dünne, gut geputzte Glasscheibe zu verwenden.

keine besonderen Voraussetzungen

1 Blatt Papier

Durchführung:

- Es wird ein Versuch gezeigt oder von den Schülern selber durchgeführt. Der Versuch kommt mit einfachen, leicht zu besorgenden Materialien (oder gar keinen Materialien) aus.
- Als Einstieg eignen sich deutlich sichtbare Phänomene.

Beispiele:

- Der springende Finger: Der Zeigefinger wird auf Augenhöhe nach oben gestreckt. Ein Auge wird geschlossen. Mit dem Finger wird eine Kante verdeckt. Nun wird das andere Auge geschlossen.
  Ergebnis: Die Kante ist nicht mehr verdeckt.
- Das schwebende Cocktailwürstchen: Die beiden ausgestreckten Zeigefinger werden waagerecht ca. 10 cm vor die Augen gehalten, so dass sich die Fingerkuppen fast berühren. Dabei wird in die Ferne fokussiert (d. h. nicht auf die Finger Schielen!).
  Ergebnis: Es wirkt, als würde zwischen den Fingern ein Cocktailwürstchen schweben.

- Voll daneben: Ein Auge wird geschlossen. Mit jeder Hand wird ein Stift waagerecht auf Augenhöhe gehalten. Nun bewegt man die Stifte zügig aufeinander zu, so dass sich die Spitzen berühren.
  Ergebnis: Meistens verfehlen sich die Spitzen, weil man mit nur einem Auge, Entfernungen nicht gut abschätzen kann.

Weitere Hinweise:

- Die Versuche zeigen, dass die beiden Augen unterschiedliche Bilder liefern. Sie werden vom Gehirn zu einem dreidimensionalen Bild zusammenfügt. Wenn sich die Bilder stark unterscheiden oder ein Auge „blind" ist, so ist das nicht möglich.
- Alle Versuche eignen sich auch zur Auflockerung zwischendurch oder als Wiedereinstieg nach einer kurzen Pause.

keine besonderen Voraussetzungen

keine

Durchführung:

- Es wird eine Hausaufgabe gegeben, die gleichzeitig zur Stunde hinführt. Besonders gut eignet sich eine eher praktische Hausaufgabe.
- In der Stunde wird an die Hausaufgabe angeknüpft, die Ergebnisse werden zur Erarbeitung des neuen Themas genutzt.

Beispiel:

- Die Hausaufgabe lautet: „Bringt ein Stück Energie mit."
- In der Regel werden Gegenstände mitgebracht, die für die Schüler einen Energieträger symbolisieren (z. B. Batterie – elektrische Energie, Holz – chemische Energie, Metallfeder – Spannenergie).

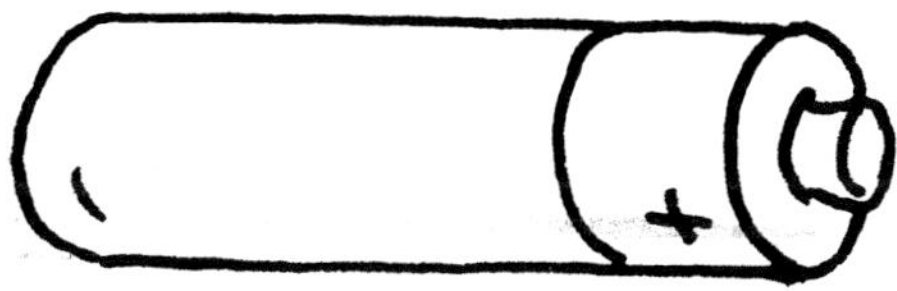

- Die mitgebrachten Gegenstände werden geclustert, z. B. nach Energieformen. Die Ergebnisse werden so für das neue Thema genutzt.

Weitere Hinweise:

- Diese Aufgabe kann auch zu Beginn einer Stunde gegeben werden. Die Schüler können sich dann auf dem Schulgelände auf die Suche begeben.
- Dieser Einstieg eignet sich gut, um das vorhandene Vorwissen nutzbar zu machen.

keine besonderen Voraussetzungen

1 Spielzeugauto, 1 „leere" Batterie, Bindfaden

Durchführung:

- Die Schüler bilden Gruppen und es wird ein Arbeitsauftrag gestellt, der zunächst unsinnig erscheint. Er kann nur gelöst werden, indem „um die Ecke" gedacht wird.
- Die Lösung erfolgt vorzugsweise mithilfe eines Versuchs. Das dazu nötige Material wird zur Verfügung gestellt.

Beispiel:

- Der Arbeitsauftrag lautet: „Übertragt Energie von einer leeren Batterie auf ein Spielzeugauto."

- Die Autos und die Batterien werden ausgeteilt. Der Bindfaden wird erst auf konkrete Nachfrage an die jeweiligen Gruppen ausgegeben. Das erhöht die Notwendigkeit, um die Ecke zu denken.
- Lösung: Die Batterie und das Auto werden mit dem Bindfaden verbunden. Die Lageenergie der Batterie wird genutzt, um das Auto zu beschleunigen.

Weiterer Hinweis:

- Der Einstieg hat Elemente des entdeckenden Lernens.

keine besonderen Voraussetzungen

1 Peltier-Element, 1 Motor mit Propeller, Kabel mit Krokodilklemmen, 1 Becherglas oder Wasserbombe mit heißem Wasser, 1 Kalt-Warm-Kompresse (Kühlpad)

Durchführung:

- Es wird ein Experiment mit einem starken Technik-Bezug durchgeführt oder eine technische Anwendung demonstriert.
- Der physikalische Hintergrund der Anwendung bzw. des Experiments wird dargestellt.

Beispiele:

- An ein Peltier-Element wird ein Solar-Motor mit Propeller angeschlossen.
- (1) Auf das Peltier-Element wird ein Becherglas mit sehr heißem Wasser gestellt. Noch besser funktioniert es mit einem Kühlpad, das in heißem Wasser lag. Der Motor beginnt sich zu drehen.
- (2) Alternativ kann auch eine Spannung an das Peltier-Element angelegt werden. Dann stellt sich eine deutliche Temperaturdifferenz ein, die z. B. als Mini-Kühlschrank genutzt werden kann.

Weitere Hinweise:

- Erhöht man die Temperaturdifferenz (z. B. durch zusätzliche Kühlung mit einem kalten Kühlpad), wird die Spannung höher.
- Je nach Peltier-Element reicht bereits ein Temperaturunterschied von 15 K, der z. B. durch Körperwärme erreicht wird.
- Es sollte sich um einen Motor handeln, der bereits bei kleinen Spannungen von ca. 0,5 – 1 V anläuft.

 Deckenaufhängung

 1 Schnur, 1 Gewichtsstück, evtl. 1 Stativ mit Schwamm

Durchführung:

- Es wird ein Versuch durchgeführt, der scheinbar nicht ungefährlich ist. Die Gefahr wird bewusst verdeutlicht, um die Spannung zu steigern.
- Der Versuch wird durchgeführt. Es wird mit physikalischen Mitteln geklärt, warum von dem Versuch keine Gefahr ausgeht.

Beispiel:

© philippe simier; Fotolia.com

- Ein Pendel wird an der Decke aufgehängt. Je höher die Masse des Pendels ist, desto eindrücklicher ist der Versuch.
- Das Pendel wird so ausgelenkt, dass es die Nasenspitze eines Schülers berührt. Das Pendel wird losgelassen und schwingt hin und zurück, so dass es die Nasenspitze fast wieder berührt.
- Die Spannung kann gesteigert werden, indem ein Zurückweichen vor dem Pendel verhindert wird, z. B. durch eine Wand.
- Die Spannung kann noch weiter gesteigert werden, indem der Versuch zunächst nicht mit einer Nasenspitze sondern mit einem Schwamm oder einem Stativ durchgeführt wird. Dabei gibt man dem Pendel möglichst unauffällig einen Schubs, sodass das Pendel über die Ausgangsposition hinaus schwingt. Dabei werden der Schwamm bzw. das Pendel deutlich sichtbar getroffen. In diesem Fall sollte man sich anschließend selber als „Versuchsobjekt" zur Verfügung stellen.

Weiterer Hinweis:

- Der Versuch wird eindrücklicher, wenn die Person mitsamt Pendel von der Seite zu sehen ist.

Internet

1 Computer mit Beamer und Lautsprecher

Durchführung:

- Es wird ein Ausschnitt aus einem Zeichentrickfilm gezeigt.

- In dieser Szene werden physikalische Gesetze missachtet.
- Es schließt sich eine Diskussion an, die den dargestellten Vorgang aus physikalischer Sicht erörtert.
- Für die Diskussion eignet sich z. B. ein Placemat: Die Schüler bilden Gruppen, notieren aber zunächst in Einzelarbeit ihre Gedanken auf je einer Seite eines Blattes. Daran schließt sich ein Austausch in der Gruppe an und die Formulierung eines gemeinsamen Ergebnisses. Dieses wird abschließend für die ganze Klasse präsentiert.

Beispiel:

- Besonders gut geeignet sind Zeichentrickserien, mit Verfolgungsjagden und Zweikämpfen, wie z. B. „Tom und Jerry" oder „Road Runner und Wile E. Coyote". Insbesondere letzteres Beispiel ist sehr ergiebig.
- In vielen Fällen wird im Zeichentrick die Energieerhaltung außer Kraft gesetzt, bzw. die Energieentwertung durch Reibung nicht berücksichtigt.
- Es reichen meist sehr kurze Ausschnitte von 30–45 Sekunden.
- Der gezeigte Ausschnitt wird mithilfe der Placemat-Methode diskutiert.

Weitere Hinweise:

- Geeignete Filme lassen sich über eine Internetrecherche finden.
- Im Internet findet man zudem auch Kopiervorlagen für Placemats.

keine besonderen Voraussetzungen

1 Bild eines Concept Cartoons mit 4 Aussagen, 1 Beamer oder Overheadprojektor

Durchführung:

- Ein Concept-Cartoon zeigt vier Comic-Figuren mit je einer Sprechblase. Jede Sprechblasen beinhaltet eine Aussage zu einem physikalischen Thema.
- Die Aussagen können falsch oder richtig sein. Sie können Schülervorstellungen aufgreifen oder Meinungen darstellen.
- Der Concept-Cartoon wird über den Tageslichtprojektor oder den Beamer präsentiert und gemeinsam gelesen.
- Die Schüler beziehen Stellung zu den Aussagen. Dazu wird jeder Aussage eine Raumecke zugeordnet. Sie gehen dann in eine dieser Ecke und ordnen sich so der Aussage zu, der sie zustimmen.
- Die Schüler begründen anschließend, warum sie sich für diese Aussage entschieden haben.

Beispiel:

Weiterer Hinweis:

- Vorlagen zur Erstellung eigener Concept-Cartoons findet man u. a. über eine Internetrecherche.

Internet

1 Computer mit Beamer und Lautsprecher

Durchführung:

- Es wird ein Video gezeigt, das einen Effekt zeigt, der im Klassenzimmer nicht nachgestellt werden kann. Der Effekt sollte beeindruckend sein.

Beispiel:

- Es wird ein Video gezeigt, bei dem zu sehen ist, wie bei einem Auto beim Bremsen die Bremsscheiben bis zur Rotglut erhitzt werden und Funken sprühen.

- Auf Grundlage dieses Videos kann die Umwandlung von Bewegungsenergie in thermische Energie beim Bremsen thematisiert werden.

Weiterer Hinweis:

- Passende Beispiele lassen sich über eine Internetrecherche mit den Begriffen „Bremsen glühen" finden.

keine besonderen Voraussetzungen

2 Waschflaschen, 2 Bechergläser, 1 Trichter, 3 Schlauchabschnitte, Karton, Wasser, 2 Lebensmittelfarben

Durchführung:

- Es wird ein Versuch gezeigt, der verblüffend und zunächst nicht erklärbar ist.
- Der Effekt der Magie kann verstärkt werden, indem ein Zaubertuch, ein Zauberstab oder schlicht und einfach „magische Hände" verwendet werden.

Beispiel:

- Der Versuch wird entsprechend der Skizze aufgebaut. Dabei ist auf den korrekten Anschluss der Waschflaschen zu achten.
- Die linke Waschflasche wird mit rot angefärbtem Wasser gefüllt.
- Der Versuchsaufbau wird in einem Karton verborgen, (z. B. vom Kopierpapier). Aus dem Karton schauen der Trichter und der linke Schlauch heraus.
- Gibt man in den Trichter blau angefärbtes Wasser, so kommt auf der anderen Seite rot angefärbtes Wasser heraus.

Weitere Hinweise:

- Der Versuch eignet sich insbesondere für eine Übungsstunde zum Thema *„Luft ist nicht nichts!"*.
- Statt mit Lebensmittelfarbe lässt sich das Wasser auch mit flüssigem Universalindikator und etwas Säure bzw. Lauge anfärben.

keine besonderen Voraussetzungen

1 Holzklotz (z. B. Bauklotz), 1 Stein (z. B. Kieselstein, jedoch geringere Masse als der Holzklotz), 1 Gefäß mit Wasser (z. B. großes Becherglas)

Durchführung:

- Es wird ein Experiment gezeigt, das ganz offensichtlich ein Ergebnis liefert, das so nicht erwartet wurde bzw. den Erfahrungen widerspricht.
- Der Widerspruch zum Vorwissen führt zu einem starken kognitiven Konflikt. Auf dieser Grundlage kann die Aneignung von neuem Wissen erfolgen.

Beispiel:

- Es wird die Frage gestellt, warum ein Holzklotz schwimmt und ein Stein untergeht. Meistens wird die Antwort sein, dass Stein schwerer ist als Holz.

- Für den Versuch werden ein kleiner Stein und ein großer Holzklotz verwendet. Beide werden für die Bestimmung ihrer Masse auf die Waage gelegt und anschließend in ein Gefäß mit Wasser gegeben.
- Der Stein geht trotz geringerer Masse unter. Das widerspricht der Formulierung „Stein ist schwerer als Holz.".

Weiterer Hinweis:

- An diesen Einstieg kann sich eine Diskussion darüber anschließen, dass die Volumina gleich sein müssen.

 keine besonderen Voraussetzungen

 2 große Bechergläser, Wasser, 1 Cola mit Zucker, 1 Cola light

Durchführung:

- Es wird ein gut bekannter Alltagsgegenstand für einen Versuch verwendet.
- Der Versuch beleuchtet einen bisher nicht bekannten oder wenig beachteten Aspekt des Gegenstands.

Beispiel:

- Es wird die Frage aufgeworfen, ob Cola light denn tatsächlicher leichter ist, so wie es der Name suggeriert.
- Der Frage wird in einem Demonstrationsexperiment nachgegangen. Dazu stellt man Cola mit Zucker und Cola light in je ein Becherglas mit Wasser.
- Beobachtung: Die Cola-light schwimmt, die Cola mit Zucker geht unter.
- An das Demonstrationsexperiment schließt sich das Wiegen der beiden Gefäße sowie ein Vergleich der Dichten von Wasser und Zuckerwasser an (z. B. im Schülerexperiment).

Weitere Hinweise:

- Für diesen Versuch eignen sich sowohl Dosen als auch kleine Flaschen mit Cola/Cola light.
- Dosen und teilweise auch Flaschen haben einen gewölbten Boden. Dort bildet sich beim Eintauchen in das Wasser eine Luftblase, die für das Gelingen des Versuchs wichtig sein kann. Das sollte vorher unbedingt ausprobiert werden. Wenn die Luftblase benötigt wird, muss ein Umkippen des Gefäßes im Wasser verhindert werden.

keine besonderen Voraussetzungen

1 Zeitungsartikel (als Kopie oder auf Folie)

Durchführung:

- Die Lehrkraft bringt einen Zeitungsartikel mit, der gemeinsam gelesen wird.
- Es werden Fragen gesammelt, die sich aus dem Artikel ergeben. Den Fragen wird in Versuchen nachgegangen.

Beispiel:

Auf Inline-Skates geblitzt

Ungläubige Blicke gibt es im Ordnungsamt beim Betrachten von Blitzer-Bildern vermutlich immer wieder. [...] Jetzt allerdings sorgte ein britischer Inline-Skater für eine neuartige Überraschung – als erster Inline-Skater überhaupt gelang es ihm, in die Radarfalle für zu schnelles Fahren zu gehen. Ist das ein lustiger Versuch oder viel zu gefährlich?

Trainieren für die Radarfalle

[...] Der 28-jährige Engländer hatte bereits einige Tage vorher geplant, den neuen Blitzerrekord aufzustellen. Auch ein gebrochenes Steißbein (!!) konnte ihn nicht von dem Rekordversuch abhalten, den seine Freunde fleißig mit der Videokamera dokumentierten. [...]

Wenig Zuspruch

Die zuständige Verkehrsbehörde jedoch fand den Inline-Skater-Blitzer-Versuch weniger lustig. So bemängelte deren Leiter, dass sich der Brite einem hohen Sicherheitsrisiko ausgesetzt habe, da er nicht nur ohne jegliche Schutzkleidung und verletzt fuhr, sondern auch im ganz normalen Straßenverkehr auf der dunklen Nebenstraße. Nur eine Warnweste hatte der Inline-Skater angezogen [...]. [...]

Weitere Hinweise:

- Bei diesem Beispiel sollte die Sicherheit diskutiert werden, um eine Nachahmung zu verhindern! Dazu könnte auch die Berechnung des Anhaltewegs beitragen.
- An Stelle eines Zeitungsartikels kann auch ein Artikel eines Internet-Nachrichtenportals verwendet werden.

keine besonderen Voraussetzungen

1 Computer mit Beamer oder 1 Folie und Overheadprojektor

Durchführung:

- Es wird eine Folge von Bildern gezeigt, die in sehr kurzen Abständen hintereinander aufgenommen wurden. Dadurch wird die Bewegung sichtbar.
- Es gibt Bilder, bei denen wurde eine Bildfolge zu einem Bild verschmolzen, so dass auf einen Blick eine längere Sequenz betrachtet werden kann.

Beispiel:

- Es wird ein Foto mit Beamer oder Overheadprojektor präsentiert, das eine Bildfolge von einem Sprung in die Tiefe zeigt, z. B. bei Klippenspringern.
- Es werden erste Eindrücke zu dem Bild gesammelt. Dabei fällt auf, dass die Abstände zunehmen.
- Bei Bildern, die genau von der Seite fotografiert sind, kann die Körpermitte in Abhängigkeit von der Zeit markiert werden. Auf Grund der Größe des Springers kann der Abbildungsmaßstab geschätzt werden. So kann die zurückgelegte Strecke für jedes Zeitintervall geschätzt werden.

Weitere Hinweise:

- Gute Bilder findet man mit den Suchbegriffen „Bildfolge Cliff Diving" im Internet. Weitere geeignete Suchbegriffe sind „Klippenspringer"oder „Felix Baumgartner" und „Mamethöhle".
- Manche Smartphones bieten die Möglichkeit selber solche Bildfolgen zu erstellen. Dann kann auch ein Sprintstart fotografiert und die Beschleunigung ausgewertet werden.

Internet

1 Computer mit Beamer und Lautsprecher

Durchführung:

- Es wird ein Video gezeigt, das einen Effekt zeigt, der im Klassenzimmer nicht nachgestellt werden kann. Der Effekt sollte beeindruckend sein.

Beispiel:

- Es wird ein Video gezeigt, bei dem zu sehen ist, wie in Folge von Blitzeis Autos ins Rutschen geraten. Ein solches Video kann durch Suche in einem Internet-Video-Portal gefunden werden.

© sp4764; Fotolia.com

- Auf Grundlage dieses Videos kann erwünschte und unerwünschte Haft- und Gleitreibung thematisiert werden. Daran können sich Schülerversuche anschließen (z. B. Ziehen von Holzklötzen mit einem Kraftmesser, gezielte Variation von Auflagefläche, Untergrundbeschaffenheit und Masse).

Weiterer Hinweis:

- Die Videos zu diesem Thema zeigen teilweise nicht nur Blechschäden sondern auch Personenschäden. Man sollte sich die Videos daher vorher selber anschauen und geeignete Ausschnitte wählen!

stabile Befestigungsmöglichkeit

2 Seile, 1 Rolle, 1 Tuch oder große Kiste

Durchführung:

- Eine Black Box ist ein System, bei dem nur Input und Output betrachtet werden (können).
- Man erhält eine Black Box, indem ein Teil eines Versuchsaufbaus gezielt verhüllt wird. Zum Verhüllen eignen sich z. B. Kisten, Kopierkartons oder Tücher.
- Die Verhüllung erfolgt so, dass von außen einzelne Parameter verändert werden können (Input) und die Veränderung eine beobachtbare Wirkung hat (Output).
- Die Schüler haben die Aufgabe, den inneren Aufbau zu „enttarnen". Dazu werden zunächst Vermutungen gesammelt und dann der Versuch nachgebaut.

Beispiel:

- Die Aufhängung einer Rolle wird an ein Seil geknotet.
- Das andere Seil wird über die Rolle geführt. Ein Ende dieses Seils wird an einer stabilen Befestigung verknotet.
- Die Rolle und das verknotete Ende des Seils werden verdeckt, z. B. mit einem Tuch oder mit einer großen Kiste.
- Es findet ein Tauziehen statt. Dabei wird der offensichtlich stärkeren Person das Seilstück gegeben, das an der Rolle befestigt ist. Der schwächeren Person wird das Seilstück gegeben, das über die Rolle läuft.
- Ergebnis: Die schwächere Person gewinnt das Tauziehen.

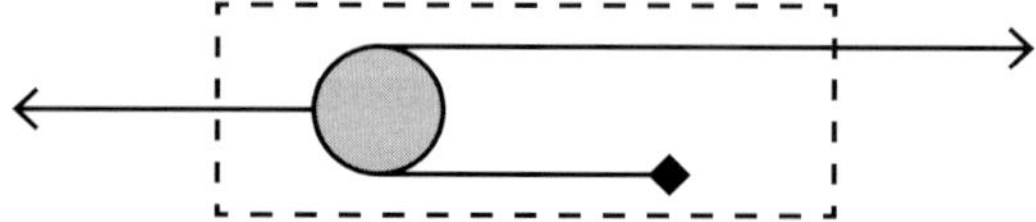

Weiterer Hinweis:

- Die relevanten Sicherheitsmaßnahmen sind zu berücksichtigen!

keine besonderen Voraussetzungen

1 Kantholz, 1 Auflage (z. B. 1 Stück Dachlatte), 1 Personenwaage

Durchführung:

- Es wird eine Aufgabe gestellt, bei der möglichst objektiv festgestellt werden kann, wie gut das Ergebnis ist.
- Die Gruppe mit dem besten Ergebnis gewinnt. Gespielt wird um Ruhm und Ehre.

Beispiel:

- Ein Schüler und die Lehrkraft stellen sich auf je eine Seite einer Wippe. Die Wippe besteht aus einem kräftigen Kantholz und einer Auflage.

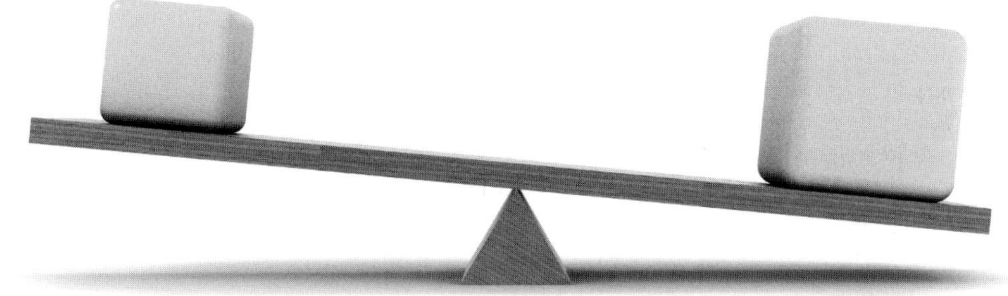

© JZhuk; Fotolia.com

- Die Wippe wird ins Gleichgewicht gebracht und die Position von Schüler und Lehrkraft markiert.
- Die Aufgabe für den Wettbewerb lautet: „Stellt ein Gruppenmitglied so auf die Wippe, dass sie sich im Gleichgewicht befindet, wenn sich die Lehrkraft wieder auf die ursprüngliche Position stellt."
- Der Einstieg kann am Beginn des Themas Hebel stehen. Dann schließt sich eine Experimentierphase an, bei der das Hebelgesetz ermittelt wird.
- Der Einstieg kann in eine Übungsstunde einführen. Dann schließt sich eine Rechenübung an, bei der nur die Massen der beteiligten Schüler ermittelt werden müssen.

Weiterer Hinweis:

- Die Idee für diesen Einstieg stammt von Herrn Herbert Fallscheer.

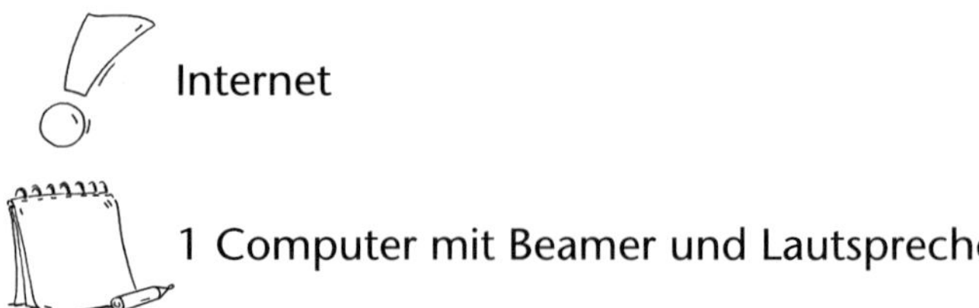

Internet

1 Computer mit Beamer und Lautsprecher

Durchführung:

- Es wird ein Dokumentarfilm gezeigt, der Sachinformationen zu einem Thema liefert.

Beispiel:

- Es wird ein Videoausschnitt aus einem Dokumentarfilm über Schwerelosigkeit gezeigt.

- Sehr eindrucksvoll sind alltagsnahe Tätigkeiten in der Schwerelosigkeit, z. B. Händewaschen im Weltall.
- Mit einem solchen Video kann auch der Begriff der Trägheit vertieft werden.

Weiterer Hinweis:

- Passende Beispiele lassen sich über eine Internetrecherche mit dem Begriff „Schwerelosigkeit" finden.

keine besonderen Voraussetzungen

2 Luftballons, Schnur, Stativmaterial, Tücher zum Reiben (z. B. aus Schafwolle, Baumwolle, Polyester), unterschiedliche Stäbe (z. B. PU, PE, PS, Glas, Acryl)

Durchführung:

- Die Schüler erhalten Zeit, um dem Phänomen zunächst spielerisch zu begegnen.
- In einem zweiten Schritt werden Aufgaben gestellt, die ein gezieltes Beobachten und ein gezieltes Variieren anregen.
- Erst in einem dritten Schritt wird die Aufgabe gestellt, die Ergebnisse zu protokollieren.

Beispiel:

- Erster Schritt: Die Schüler hängen zwei aufgepustete Luftballons an ein Stativ. Die Luftballons werden mit einem Tuch gerieben. Dann darf gespielt werden.

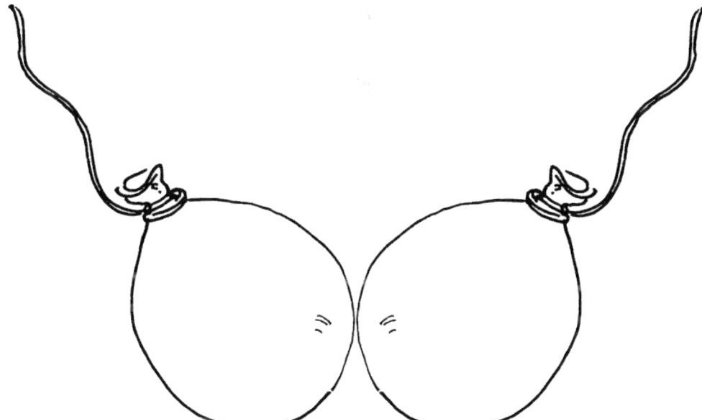

- Zweiter Schritt: Sie erhalten den Auftrag, den Einfluss der verwendeten Materialien auf Anziehung und Abstoßung zu untersuchen.
- Dritter Schritt: Die Schüler erhalten den Auftrag, ihre Ergebnisse übersichtlich darzustellen.

Weiterer Hinweis:

- Es gibt Phänomene, die sind so faszinierend, dass sie sofort den Spieltrieb der Schüler wecken. Dagegen kommt man kaum an. Dazu gehören auch Phänomene der Elektrostatik. Dieser Einstieg kanalisiert den Spieltrieb und macht ihn für den Kompetenzzuwachs nutzbar.

keine besonderen Voraussetzungen

Plastiktüten oder andere Materialien aus Polyethylen (PE)

Durchführung:

- Es wird ein gut bekannter Alltagsgegenstand für einen Versuch verwendet.
- Der Versuch beleuchtet einen bisher nicht bekannten oder wenig beachteten Aspekt des Gegenstands.

Beispiel:

- Eine stabile Plastiktüte wird in Streifen geschnitten.
- Die Streifen werden an den Haaren oder einem Pullover gerieben.
  Ergebnis: Die Kunststofffolie lädt sich auf und „klebt" an den Haaren.
- Der Versuch klappt auch gut mit Taschentuchpäckchen oder manchen Schokoladenverpackungen aus Kunststoff.

Weiterer Hinweis:

- Nicht alle Schokoladen und nicht alle Taschentücher werden in Polyethylen verpackt. Andere Kunststoffe eignen sich nicht ganz so gut für diesen Versuch. Auf vielen Kunststoffverpackungen ist die Sorte angegeben.

keine besonderen Voraussetzungen

1 Batterie (1,5 V), 1 Lämpchen, Draht, Befestigungsmaterialien (Nägel, Brett aus MDF), 1 Hammer, evtl. 1 Zange

Durchführung:

- Es wird eine Problemstellung aufgeworfen, die durch entdeckendes Lernen beantwortet werden kann.
- Es eignen sich nur Phänomene, die sehr deutlich zu beobachten sind, weil sie sonst leicht übersehen werden können. Fehler und Irrwege sollten möglich sein.
- Es findet eine Auswertung der Ergebnisse statt, bei der die oft unsystematischen Beobachtungen strukturiert werden.

Beispiel:

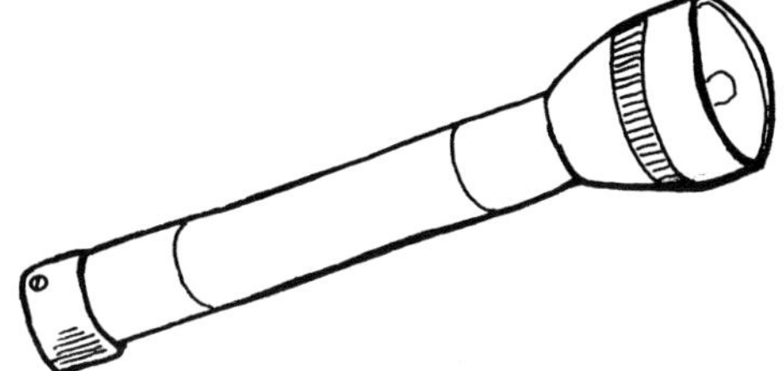

- Es wird die Aufgabe gestellt, eine Taschenlampe zu bauen. Dahinter steckt diese Problemstellung: Wie muss eine Lampe an eine Batterie angeschlossen werden, damit sie leuchtet?
- Als Materialien stehen nur einfachste Materialien zur Verfügung. Insbesondere werden keine Lampenfassungen ausgegeben und keine 4,5 V-Batterien verwendet.
- Schnelle Schüler erhalten die Zusatzaufgabe, einen Schalter zu bauen.
- Zum Schluss soll eine möglichst übersichtliche Zeichnung erstellt werden.

Weitere Hinweise:

- Wenn alle Gruppen gleichzeitig hämmern, kann eine große Lautstärke entstehen!
- Dieses Vorgehen ist in besonderer Weise dazu geeignet, die Schülervorstellungen sichtbar zu machen und Denkprozesse auszulösen.
- Aufgrund der Einfachheit der Materialien, wird meist nur ein Pol mit nur einem Anschluss der Lampe verbunden. Später werden oft beide Pole der Batterie mit dem gleichen Anschluss der Lampe verbunden. Erst sehr viel später wird die Lampe korrekt angeschlossen.

Raum ohne Rauchmelder (falls möglich)

2 Isolierstützen mit Stativ-Füßen, Draht (z. B. Eisendraht der Dicke 0,2 mm), 1 Netzgerät, 2 Experimentierkabel, 1 Papier (ca. 5 × 10 cm²)

Durchführung:

- Es wird ein Demonstrationsexperiment vorgeführt.
- Geeignet sind insbesondere spektakuläre bzw. faszinierende Versuche.
- Es wird in besonderer Weise auf Übersichtlichkeit und Ästhetik des Aufbaus geachtet.

Beispiele:

- (1) Zwischen zwei Isolierstützen wird ein Draht gespannt.
- Ein kleines Stück Papier wird in der Mitte gefaltet und über den Draht gelegt.
- An den Draht wird eine Spannung von ca. 7 V angelegt.

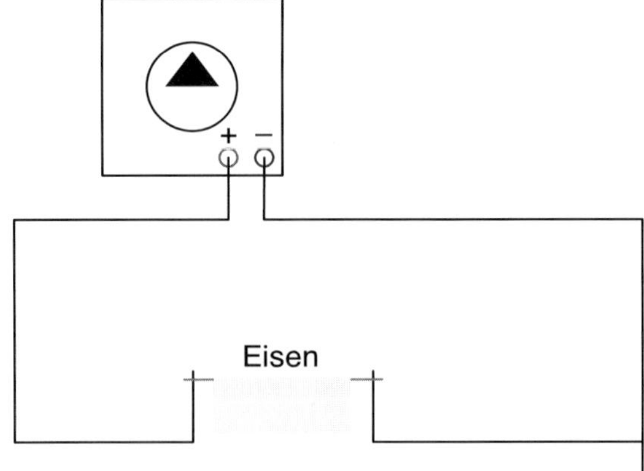

- (2) Alternativ kann man auch Eisenwolle entzünden, indem man eine Batterie (4,5 V) daran hält.

Weiterer Hinweis:

- Bei diesem Versuch kann es zu einer leichten Rauchentwicklung kommen. Dadurch könnte ein Rauchmelder ausgelöst werden!

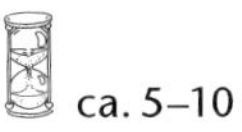

keine besonderen Voraussetzungen

2 Boxen (z. B. Schuhkartons), 2 Batterien (4,5 V), 4 Lämpchen mit Lampenfassung, Experimentierkabel

Durchführung:

- Eine Black Box ist ein System, bei dem nur Input und Output betrachtet werden (können).
- Man erhält eine Black Box, indem ein Teil eines Versuchsaufbaus gezielt verhüllt wird. Zum Verhüllen eignen sich z. B. Kisten, Kopierkartons oder Tücher.
- Die Verhüllung erfolgt so, dass von außen einzelne Parameter verändert werden können (Input) und die Veränderung eine beobachtbare Wirkung hat (Output).
- Die Schüler haben die Aufgabe, den inneren Aufbau zu „enttarnen". Dazu werden zunächst Vermutungen gesammelt und dann der Versuch nachgebaut.

Beispiel:

- In einer Box wird eine Reihenschaltung, in der anderen Box eine Parallelschaltung aufgebaut. Es werden jeweils zwei Lämpchen und eine Batterie verwendet.

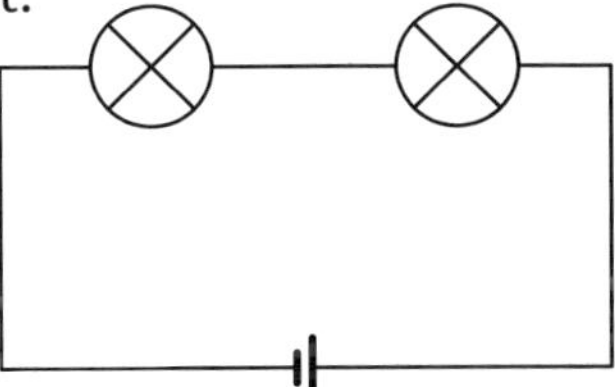

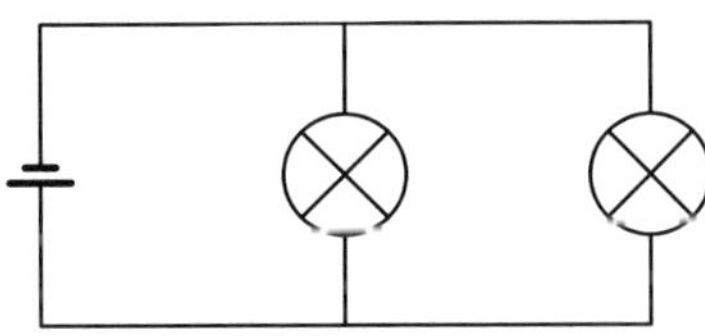

- Aus den Boxen schauen die Lämpchen heraus, so dass sie sich gut rein und raus drehen lassen (Input).
- Es kann die Abhängigkeit der Lampen und die unterschiedliche Helligkeit beobachtet werden (Output).
- Die Schüler erhalten den Auftrag, die Schaltungen nachzubauen.

Weitere Hinweise:

- Zum Nachbau eignen sich besonders gut Flachbatterien (4,5 V), einfache Lampenfassungen (E 10) und einfache Kabel mit Krokodilklemmen. Das Material ist sehr günstig und Kurzschlüsse führen lediglich zu einem hohen Batterieverschleiß.
- Das Vorgehen enthält Elemente des entdeckenden Lernens.

keine besonderen Voraussetzungen

1 Bild eines Concept Cartoons mit 4 Aussagen, 1 Beamer oder Overheadprojektor

Durchführung:

- Ein Concept Cartoon zeigt vier Comic-Figuren mit je einer Sprechblase. Jede Sprechblasen beinhaltet eine Aussage zu einem physikalischen Thema.
- Die Aussagen können falsch oder richtig sein. Sie können Schülervorstellungen aufgreifen oder Meinungen darstellen.
- Der Concept Cartoon wird über Overheadprojektor oder Beamer präsentiert und gelesen.
- Die Schüler beziehen Stellung zu den Aussagen. Dazu wird jeder Aussage eine Raumecke zugeordnet. Sie gehen dann in eine Ecke und ordnen sich so einer Aussage zu, der sie zustimmen.
- Die Schüler begründen, warum sie dieser Aussage zustimmen.

Beispiel:

Weiterer Hinweis:

- Eine Vorlage zur Erstellung eigener Concept Cartoons findet man auch über eine Internetrecherche.

keine besonderen Voraussetzungen

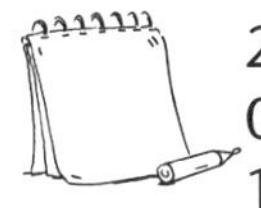
2 Lampen mit deutlich unterschiedlichem Widerstand (z. B. 3,5 V/0,2 A und 5 V/0,1 A), 2 Lampenfassungen, Experimentierkabel, 1 Netzgerät, evtl. Stecksystem

Durchführung:

- Es wird ein Experiment gezeigt, das ganz offensichtlich ein Ergebnis liefert, das so nicht erwartet wurde, bzw. den Erfahrungen widerspricht.
- Der Widerspruch zum Vorwissen führt zu einem starken kognitiven Konflikt. Auf dieser Grundlage kann die Aneignung von neuem Wissen erfolgen.

Beispiel:

- Es wird eine Reihenschaltung mit zwei Lampen als Demonstrationsexperiment aufgebaut. Die Lampen sehen auf den ersten Blick gleich aus, unterscheiden sich aber sehr deutlich hinsichtlich ihres Widerstands.

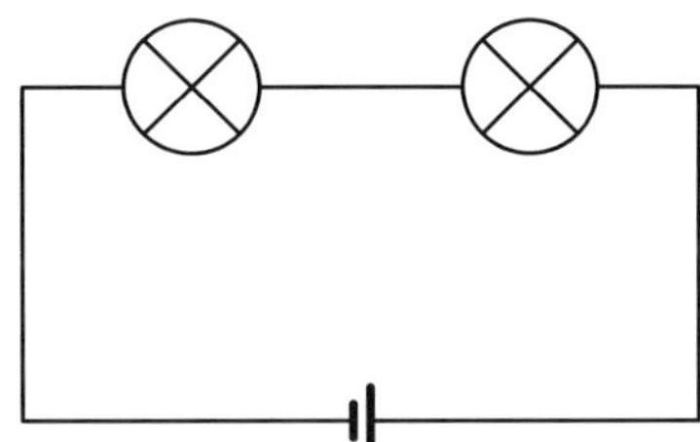

- Beobachtung: Eine Lampe leuchtet nicht (scheint defekt zu sein), die andere Lampe leuchtet normal hell.
- Die Schüler vermuten oft, dass eine Lampe defekt ist. Man kann dann entweder erörtern, was bei einer Reihenschaltung passieren müsste, wenn die Lampe tatsächlich defekt wäre. Alternativ kann man die scheinbar defekte Lampe direkt an die Spannungsquelle anschließen und so einen Defekt der Lampe ausschließen. Ein Defekt der Halterung kann ausgeschlossen werden, indem die Lampen getauscht werden.

Weitere Hinweise:

- Mit etwas Schauspielerei lässt sich der Effekt des kognitiven Konflikts noch verstärken.
- Die Spannung sollte nicht zu hoch gewählt werden, weil sonst erkennbar ist, dass in Wirklichkeit beide Lampen leuchten, die eine aber deutlich schwächer.

Fachkunde bzgl. Sicherheitsvorkehrungen

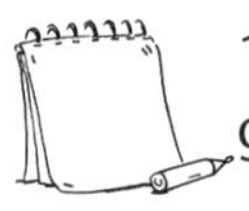
1 Glasstab (ca. 5 cm), Kupferdraht, Experimentierkabel für berührungsgefährliche Spannung, 1 Gasbrenner, 1 feuerfeste Unterlage

Durchführung:

- Es wird ein Experiment vorgeführt, dass in besonderem Maße faszinierend und erstaunlich ist.
- Damit die Wirkung zustande kommt, muss der Effekt sehr deutlich sein.

Beispiel:

- Ein ca. 5 cm langer Glasstab wird an beiden Enden mit je einem dicken Kupferdraht mehrfach eng umwickelt. Die Mitte des Stabs bleibt frei.
- Am Glasstab (bzw. an den beiden Enden des Kupferdrahts) wird eine Spannung von 230 V angelegt. Unter dem Versuch befindet sich eine feuerfeste Unterlage.
- Der mittlere Bereich des Stabs wird mit der rauschenden Flamme eines Gasbrenners stark erhitzt.
- Ergebnis: Der Glasstab wird bei hoher Temperatur leitfähig.
- Die hohe Stromstärke führt dazu, dass der Gasbrenner weggenommen werden kann und der Stab durch den fließenden Strom so stark erwärmt wird, dass er glüht und schließlich schmilzt.

Weitere Hinweise:

- Die Sicherheitsregeln im Umgang mit berührungsgefährlicher Spannung sind zu beachten! Dazu gehört insbesondere auch die Fachkunde.
- Dieser Versuch findet sich im Internet als Video. Dort kann der Aufbau gut nachvollzogen werden. Als Einstieg taugen die Videos eher nicht, da die Faszination verloren geht.

keine besonderen Voraussetzungen

2 kleine, starke Magnete (z. B. $20 \times 10 \times 5$ mm³, Neodym N42),
1 Brett mit Halterung oder vergleichbare Experimentiererhöhung

Durchführung:

- Es wird ein Versuch gezeigt, der verblüffend und zunächst nicht erklärbar ist.
- Der Effekt der Magie kann verstärkt werden, indem ein Zaubertuch, ein Zauberstab oder schlicht und einfach „magische Hände" verwendet werden.

Beispiel:

- Das Brett wird so gelagert, dass man gut mit der Hand darunter kommt. An Stelle des Bretts kann auch eine vergleichbare Experimentiererhöhung verwendet werden.
- Auf das Brett wird ein Magnet gestellt (kleinste Fläche nach unten).
- Der andere Magnet wird mit Klebeband am Unterarm nahe des Handgelenks befestigt, so dass er vom Ärmel verdeckt wird.
- Um den Effekt der Magie zu verstärken, behauptet man, dass man magische Hände hat.
- Nun fährt man zügig mit der ausgestreckten magischen Hand (also mit dem versteckten Magneten) unter dem Brett hindurch. Dabei kippt der Magnet auf dem Brett auf magische Weise um.
- Als Grund wird oft Schmuck genannt (z. B. Armbanduhr, Ring). Diese werden abgelegt und das Experiment wiederholt.
- An den Versuch schließen sich Schülerversuche zum Magnetismus an.

Weiterer Hinweis:

- Der Versuch gelingt am besten mit Magneten, die quer zur Längsachse magnetisiert sind.

keine besonderen Voraussetzungen

1 Spule (z. B. 600 Windungen), 1 Netzgerät, Experimentierkabel, 1 Stabmagnet, 1 Eisenkern (passend zur Spule), 1 dünnes Tuch

Durchführung:

- Eine Black Box ist ein System, bei dem nur Input und Output betrachtet werden (können).
- Man erhält eine Black Box, indem ein Teil eines Versuchsaufbaus gezielt verhüllt wird. Zum Verhüllen eignen sich z. B. Kisten, Kopierkartons oder Tücher.
- Die Verhüllung erfolgt so, dass von außen einzelne Parameter verändert werden können (Input) und die Veränderung eine beobachtbare Wirkung hat (Output).

Beispiel:

- Eine Spule wird an ein Netzgerät angeschlossen (ca. 10–15 V Gleichspannung). Die Spule wird mit einem dünnen Tuch verdeckt (im Idealfall auch Kabel und Netzgerät).
- Die Anziehung von Eisenkern und Stabmagnet wird gezeigt, so dass klar ist, dass von diesen Teilen keine Magie ausgeht.
- Der Eisenkern wird in die Spule gesteckt, soweit das mit dem Tuch möglich ist.

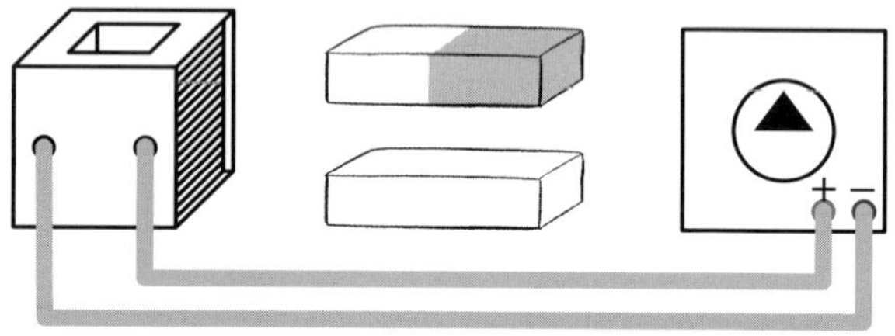

- Nun nähert man nacheinander die beiden Pole des Stabmagneten dem Eisenkern (Input). Es ist zu erkennen, dass die eine Seite des Magneten angezogen wird, die andere Seite wird abgestoßen (Output). Wenn man den Magneten sehr locker hält, kann man ihn um den Eisenkern kreisen lassen. Das wirkt sehr magisch.

Weitere Hinweise:

- Die Spule wird im Laufe der Zeit heiß und sollte daher nur kurz in Betrieb sein!
- Je nach Alter der Schüler kommt die Vermutung, dass sich unter dem Tuch ein Elektromagnet befindet mit mehr oder weniger Hilfe. Es kann dann ein Elektromagnet selber gewickelt werden und so die Vermutung überprüft werden.

keine besonderen Voraussetzungen

2 Spulen (z. B. 600 Windungen) jeweils mit Eisenkern, 1 Netzgerät, Kabel, 1 Lampe mit Fassung, 1 Karton (oder Kiste)

Durchführung:

- Es wird ein Modell für ein technisches Gerät hergestellt.
- Der Fokus liegt auf der Erklärung der Funktion und nicht auf der detailgetreuen Nachbildung.

Beispiel:

- Es wird das Funktionsmodell für eine kontaktlose Übertragung elektrischer Energie gezeigt, wie sie z. B. bei einer elektrischen Zahnbürste Verwendung findet.
- Dazu wird eine Lampe an eine Spule mit Eisenkern angeschlossen. Die Spule legt man in einen Karton (Modell für das Gehäuse der Ladestation). Dabei ist wichtig, dass die Spule möglichst nahe am Rand des Kartons liegt.
- Eine weitere Spule mit Eisenkern wird an ein Netzgerät angeschlossen (ca. 10–15 V Wechselspannung).
- Nähert man die Spulen einander, so leuchtet die Lampe. Die Helligkeit nimmt mit zunehmender Entfernung rasch ab.

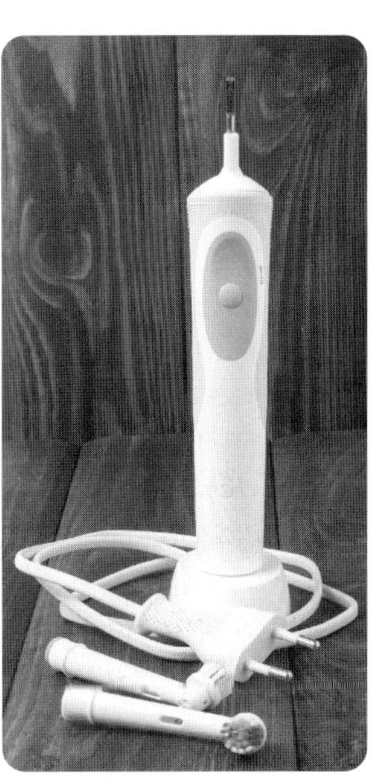
© Nataly Studio; Shutterstock.com

Weiterer Hinweis:

- Der Einstieg ist auch mit einer Black Box (vgl. Einstieg auf der vorherigen Seite) durchführbar.

keine besonderen Voraussetzungen

1 handgetriebener Gleichstromgenerator (z. B. DynaMot), 1 LED, 1 Kondensator mit hoher Kapazität (z. B. 1 F / 5,5 V), 1 Diode

Durchführung:

- Es wird ein Experiment mit einem starken Technik-Bezug durchgeführt oder eine technische Anwendung demonstriert.
- Der physikalische Hintergrund der Anwendung bzw. des Experiments wird dargestellt.

Beispiel:

- An einen handbetriebenen Gleichstromgenerator wird eine LED, ein Kondensator mit hoher Kapazität und eine Diode angeschlossen, siehe Schaltskizze.
- Beim Kurbeln leuchtet die LED. Gleichzeitig wird der Kondensator aufgeladen.
- Kurbelt man nicht mehr, leuchtet die LED trotzdem noch eine Weile.

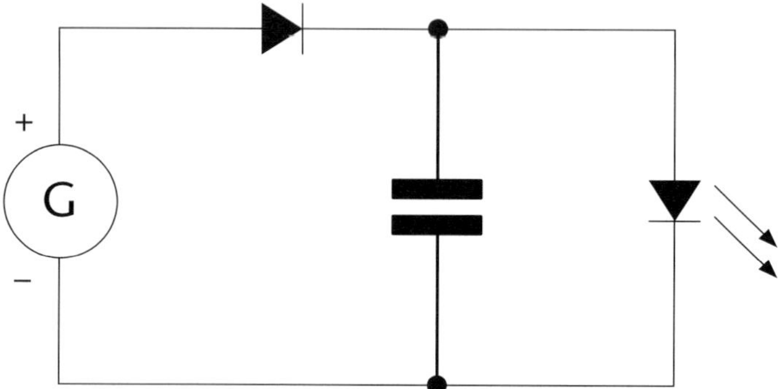

Weitere Hinweise:

- Das ist das Prinzip nach dem viele Geräte im Alltag funktionieren, z. B. ein Fahrrad-Standlicht, eine Schütteltaschenlampe und eine Taschenlampe zum Kurbeln.
- Lässt man die Diode weg, strömt die im Kondensator gespeicherte Energie auch zum Generator. Dieser wird also zum Motor. Der Effekt ist allerdings kaum wahrnehmbar, da die Energiemenge sehr klein ist.

keine besonderen Voraussetzungen

1 Diagramm (evtl. als Kopie), 1 Computer mit Beamer oder Folie und Tageslichtprojektor

Durchführung:

- Es wird ein Diagramm präsentiert, das sich mithilfe von physikalischem Wissen interpretieren lässt.
- Die Präsentation erfolgt über Beamer, Tageslichtprojektor oder als Kopie.
- Die Interpretation kann im Unterrichtsgespräch erfolgen oder mithilfe eines Placemat.

Beispiel:

- Es wird ein Diagramm gezeigt, dass die elektrische Leistung im Tagesverlauf zeigt. Darauf sind deutliche Schwankungen zu erkennen.
- Folgende Fragen können in einem Unterrichtsgespräch gestellt werden: Warum schwankt die benötigte elektrische Leistung im Tagesverlauf? Warum schwankt der Anteil der Leistung aus Sonne und Wind? Wie werden die Schwankungen ausgeglichen?

- Bei Verwendung eines Placemats eignet sich diese Aufgabe: „Betrachte das Diagramm genau. Nenne drei Dinge die dir auffallen und stelle drei Fragen dazu."

Weitere Hinweise:

- Geeignete Diagramme können über eine Internetrecherche mit den Stichworten „Elektrische Leistung Tagesverlauf" gefunden werden.
- Im Internet findet man zudem weitere Kopiervorlagen für Placemats.

keine besonderen Voraussetzungen

1 Streichholz, 1 Münze, 1 feuerfeste Unterlage

Durchführung:

- Beim Duell treten zwei Personen gegeneinander an.
- Besonders spannend wird das Duell, wenn eine der beiden Personen die Lehrkraft ist.
- Es wird eine Aufgabe gestellt. Wer die Aufgabe besser bewältigt, gewinnt. Gespielt wird um Ruhm und Ehre.

Beispiel:

- Die Lehrkraft fordert einen Schüler zum Duell heraus. Die herausgeforderte Person darf die „Waffen" wählen (Streichholz oder Münze). Das Verfahren wird noch nicht verraten.
- Das brennende Streichholz wird so gehalten, dass die Flamme den Rand einer Münze leicht berührt und erwärmt.

- Das Duell besteht darin, den eigenen Gegenstand (also Streichholz oder Münze) so lange wie möglich zu halten. Wer zuerst los lässt, hat verloren.

Weitere Hinweise:

- Eine feuerfeste Unterlage ist sinnvoll!
- Ich habe noch nie erlebt, dass sich einer der Duellanten eine Brandverletzung zugezogen hat. Trotzdem sollte darauf hingewiesen werden, bei Erreichen der Schmerzgrenze loszulassen! Es geht ja schließlich „nur" um Ruhm und Ehre.
- Der Versuch ist auch als Schülerversuch möglich. Dann kann zusätzlich Größe und Material der Münzen gezielt variiert werden.

Raum ohne Rauchmelder

1 Papier (80 g/m²) evtl. mit Kopie der Faltanleitung, 1 Kerze oder Gasbrenner, evtl. 1 Dreibein, 1 Drahtdreieck mit Tonröhren, ggf. ein Thermometer

Durchführung:

- Ein Phänomen wird in einem Schülerversuch erlebbar gemacht. Es eignen sich insbesondere Phänomene, die aus dem Alltag wenig bekannt sind. Der Effekt sollte deutlich sein.
- Der Versuch wird mithilfe einer Anleitung (schriftlich oder mündlich) vorgegeben. Der Versuch sollte einfach zu verstehen sein, da er nur vorgestellt, nicht aber plausibel gemacht wird.
- Der Versuch wird in Gruppen durchgeführt.
- Anschließend erfolgt eine Diskussion des beobachteten Phänomens.

Beispiel:

- Es wird ein Schälchen aus Papier gefaltet. Das Schälchen sollte ohne Schnitte auskommen und ohne Hilfsmittel halten (s. Vorlage nächste Seite).
- Das Schälchen wird ca. 1–2 cm hoch mit Wasser gefüllt.
- Das Wasser wird erhitzt. Dazu wird das Schälchen in direkten Kontakt mit der Flamme gebracht.
- Besonders eindrücklich ist der Kontakt von Flamme und Papier bei Verwendung eines Gasbrenners. Dazu legt man ein Drahtdreieck mit Tonröhren auf ein Dreibein und stellt das Schälchen darauf.

Weitere Hinweise:

- Die Temperatur kann mit einem Thermometer ermittelt werden. Dabei muss man sehr vorsichtig sein, damit man das Papier nicht durchsticht!
- Gibt es einen Kontakt zwischen trockenen Stellen des Papiers und der Flamme, so kann sich das Papier entzünden. Das erfordert entsprechende Sicherheitsmaßnahmen!
- Wenn sich Papier entzündet, kann es zu Rauchentwicklung kommen! Es sollten also keine Rauchmelder vorhanden sein.

Vorlage: Die Vorlage ergibt eine Falt-Schachtel mit Henkel. Die gepunkteten Linien geben einen Berg, die gestrichelten Linien ein Tal.

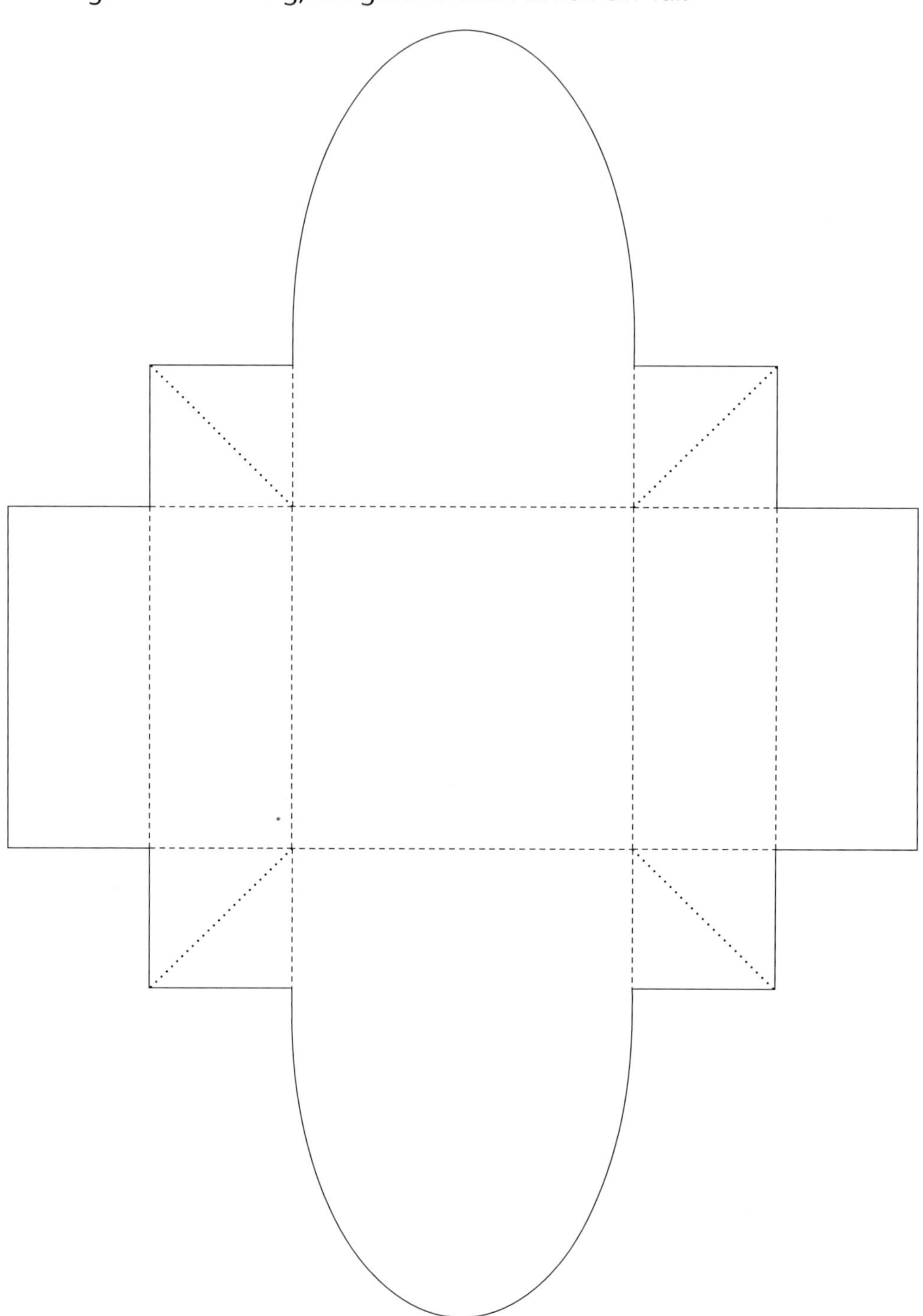

keine besonderen Voraussetzungen

1 leere Glasflasche, 1 Münze, etwas Wasser

Durchführung:

- Es wird ein Versuch gezeigt, der verblüffend und zunächst nicht erklärbar ist.
- Der Effekt der Magie kann verstärkt werden, indem ein Zaubertuch, ein Zauberstab oder schlicht und einfach „magische Hände" verwendet werden.

Beispiel:

- Die Öffnung einer Flasche wird mit Wasser benetzt, indem man mit einem nassen Finger kreisförmig über die Öffnung streicht.
- Eine Münze wird auf diese Öffnung gelegt. Die Münze sollte die Öffnung vollständig bedecken.
- Die Magie steckt bei diesem Versuch in den Händen. Das sollte betont werden.
- Die Flasche wird mit den Händen fest umfasst. Die Erwärmung führt zur Ausdehnung der Luft im Inneren der Flasche. Die Münze wird angehoben und es tritt stoßweise Luft aus. Das Klappern der Münze ist zu hören, wenn es ganz ruhig ist.

Weiterer Hinweis:

- Der Effekt ist aus der letzten Reihe nicht gut zu sehen. Es muss daher mit einer Kamera gearbeitet werden oder die Schüler müssen nach vorne gebeten werden.

Staunen: Ei in der Flasche

ca. 5–7 Min. | ab Kl. 6

keine besonderen Voraussetzungen

1 Milch-Pfandflasche (aus Glas, 1 Liter Inhalt); 1 gekochtes und geschältes Ei

Durchführung:

- Es wird ein Experiment vorgeführt, das in besonderem Maße faszinierend und erstaunlich ist.
- Damit die Wirkung zustande kommt, muss der Effekt sehr deutlich sein.
- Aufgrund der Faszination des Experiments eignet es sich auch gut für einen Einstieg in eine Übungsstunde, bei der das bereits vorhandene Wissen auf dieses Experiment übertragen werden muss.

Beispiel:

- Eine Milchflasche wird erwärmt, z. B. indem man sie in kochendes Wasser stellt oder vorsichtig mit dem Gasbrenner erhitzt.
- Die Öffnung der Flasche wird mit einem gekochten und geschälten Ei verschlossen.
- Wenn sich die Luft im Inneren der Flasche abkühlt, wird das Ei hineingesogen. Der Vorgang kann mit einem kalten Wasserbad beschleunigt werden.
- Durch Umdrehen der Flasche und vorsichtiges Erwärmen, kann das Ei auch wieder aus der Flasche herausgepresst werden.

Weitere Hinweise:

- Die Größe des Eis muss so gewählt werden, dass es nur ein wenig größer ist, als die Flaschenöffnung. Gut geeignet ist die Eier-Größe M.
- Wenn in der Flasche noch etwas Wasser ist, wird der Effekt beschleunigt. Beim Abkühlen kondensiert Wasser und das Volumen des Gases in der Flasche verkleinert sich recht schnell.

Raum ohne Rauchmelder (falls vorhanden)

1 Teebeutel, 1 Schere, 1 Streichholz, 1 feuerfeste Unterlage

Durchführung:

- Es wird ein Versuchsaufbau gezeigt.
- Der Versuch bzw. der Versuchsaufbau wird in eine kleine Geschichte eingebettet und dabei durchgeführt.

Beispiel(e):

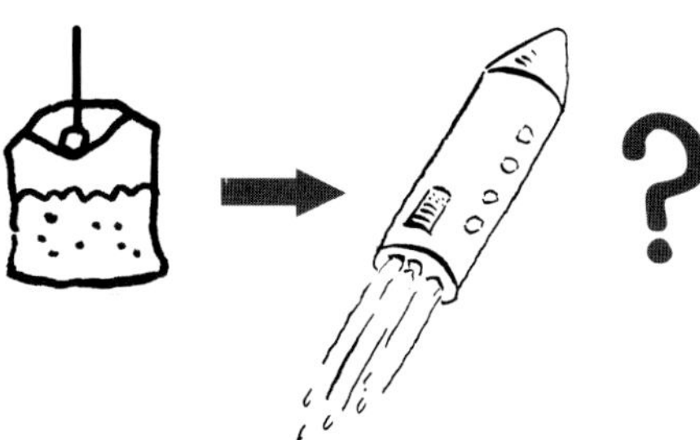

- Bei einem Teebeutel werden als erstes das Etikett und dann zusätzlich die Schnur entfernt. Anschließend wird der Beutel oben aufgeschnitten und der Tee ausgekippt. Der leere Teebeutel wird aufgeklappt, zu einer Röhre geformt und aufgestellt. Nun wird der Teebeutel am oberen Ende angezündet.
- Wenn der Teebeutel fast komplett herunter gebrannt ist, hebt er ab.
- Hierzu wird eine Geschichte erzählt, die das Etikett, die Schnur und den Tee integriert.
- Variante 1: Eine Fee will mit der Rakete die Erde besuchen und ein Kobold klaut ihr die Steuerung (Etikett), die Zündschnur und den Treibstoff (Tee).
- Variante 2: Die Schildbürger haben eine Rakete gebaut. Sie haben vergessen, die Transportvorrichtung zu entfernen (der Beutel wird aufgeschnitten) und haben zu viel Ballast geladen (Tee wird ausgeschüttet).
- Variante 3: Nach dem Sputnik-Erfolg Russlands im Jahr 1957 war die westliche Welt geschockt und beschloss, eine Rakete zum Mond zu schicken. Die Russen schickten mehrfach Spione, die zunächst den Bauplan (Etikett), die Zündschnur und schließlich den Treibstoff (Tee) klauten. Allen Spionen zum Trotz startete die Rakete.

Weitere Hinweise:

- Feuerfeste Unterlage verwenden!
- Mögliche Rauchentwicklung berücksichtigen. Daher ggf. Raum ohne Rauchmelder verwenden!

keine besonderen Voraussetzungen

1 Stein, 1 Holzklotz, 1 Infrarot-Thermometer

Durchführung:

- Es wird ein Experiment gezeigt, das ganz offensichtlich ein Ergebnis liefert, das so nicht erwartet wurde, bzw. den Erfahrungen widerspricht.
- Der Widerspruch zum Vorwissen führt zu einem starken kognitiven Konflikt. Auf dieser Grundlage kann die Aneignung von neuem Wissen erfolgen.

Beispiel:

- Es werden ein Stein und ein Holzklotz in der Klasse herumgegeben. Alternativ können auch mehrere Steine und Holzstücke gleichzeitig herumgegeben werden.

- Die Schüler werden gebeten die Temperatur der Gegenstände zu schätzen.
- Einige Vorschläge werden an die Tafel geschrieben. Dann wird eine Abstimmung durchgeführt, so dass sich alle Schüler festlegen.
- Die Schätzungen werden mit einem Infrarot-Thermometer überprüft.
- An den Versuch schließt sich eine Diskussion an, warum die Temperatur beider Gegenstände natürlich gleich sein muss.

Weiterer Hinweis:

- Der Einstieg kann als Einführung in das Thema Wärmeleitung verwendet werden. Er eignet sich aber auch für eine Übung bzw. Vertiefung des Themas.

keine besonderen Voraussetzungen

1 Foto von Dächern mit Schnee (gedämmte und ungedämmte Dächer)

Durchführung:

- Ein Foto wird kopiert und ausgeteilt (je Gruppe 1×).
- Zum Foto wird eine Frage gestellt. Alternativ kann die Frage schriftlich auf der Kopie gestellt werden.
- Die Schüler diskutieren die Frage in Gruppen und verwenden ihr Wissen aus vorherigen Stunden zur Erklärung.

Beispiel:

- Es wird ein Foto gezeigt, auf dem zu erkennen ist, dass auf einem Hausdach viel Schnee liegt und auf einem anderen Hausdach in unmittelbarer Nähe kaum Schnee liegt.
- Die Frage lautet: Warum ist auf dem einen Dach viel und auf dem anderen Dach wenig Schnee?
- Es werden Vermutungen gesammelt. Diese können letztendlich nicht überprüft werden. Sie können aber in einem Modellversuch zur Dämmung nachvollzogen werden.

- Es könnte ein Versuch durchgeführt werden, bei dem Eiswürfel möglichst gut gegenüber der Raumluft gedämmt werden sollen.

Weiterer Hinweis:

- Aussagekräftige Bilder können über eine Internetrecherche mit den Begriffen „Schnee „und „Dämmung" gefunden werden.

Egg Race: Bau einer einfachen Isolierflasche

ca. 20–30 Min. ab Kl. 6

keine besonderen Voraussetzungen

1 Becherglas 100 ml, 1 Becherglas 400 ml, heißes Wasser, Dämmmaterial (z. B. Stofffetzen aus Wolle, Baumwolle und Polyester, Stroh, Schaumstoff, Verpackungsmaterialien, Alufolie, Zeitung), 1 Thermometer

Durchführung:

- Ein Egg Race ist ein Wettbewerb, bei dem für ein Problem eine technische Lösung gefunden werden muss.
- Die Aufgabe ist so gestellt, dass ermittelt werden kann, welche Mannschaft das Problem am besten gelöst hat.
- Es stehen nur einfachste Hilfsmittel zur Lösung der Aufgabe zur Verfügung.

Beispiel:

- Jede Gruppe hat zehn Minuten Zeit, eine möglichst effektive Dämmung für eine Isolierflasche zu erstellen. Dabei dient das kleine Becherglas als innere Hülle und das große Becherglas als äußere Hülle der Isolierflasche.
- Am Ende der Zeit bekommen alle Gruppen 50 ml heißes Wasser in das kleine Becherglas. Nach fünf Minuten wird ermittelt, welches Wasser am wärmsten ist bzw. welche Gruppe die beste Isolierflasche entwickelt hat.

© Gavran333; Shutterstock.com

Weitere Hinweise:

- Im Umgang mit dem heißen Wasser sind die geltenden Sicherheitsregeln zu beachten!
- Damit die Schüler stärker kognitiv aktiviert werden, kann die Aufgabe erweitert werden. Dazu müssen die Gruppen einen Werbetext für ihre Isolierflasche schreiben. Während das Wasser in den Isolierflaschen abkühlt, werden die Texte vorgetragen. Alle Schüler geben einen Tipp ab, welche Isolierflasche die Beste sein wird. Für die eigene Flasche darf nicht gestimmt werden.

keine besonderen Voraussetzungen

2 Reagenzgläser, 2 Thermofühler mit großer Digitalanzeige (alternativ: Digitalthermometer), Wasser, Spiritus

Durchführung:

- Es wird ein Demonstrationsexperiment vorgeführt.
- Geeignet sind insbesondere spektakuläre bzw. faszinierende Versuche.
- Es wird in besonderer Weise auf Übersichtlichkeit und Ästhetik des Aufbaus geachtet.

Beispiel:

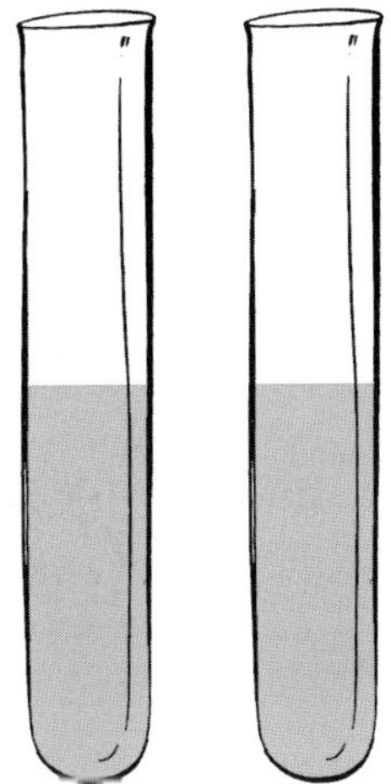

- Es wird ein Reagenzglas zur Hälfte mit Wasser und ein anderes zur Hälfte mit Spiritus gefüllt.
- Die Reagenzgläser werden mit Thermofühlern ausgestattet, sodass die Temperatur auf einer großen Digitalanzeige gut zu sehen ist. Alternativ können gewöhnliche Digitalthermometer verwendet werden und über eine Kamera projiziert werden.
- Die Flüssigkeiten in den Reagenzgläsern werden mithilfe der Hände so stark wie möglich erwärmt.
- Es kann beobachtet werden, dass die Temperatur beim Spiritus viel schneller steigt.
- Der Versuch kann auch als Duell durchgeführt werden (vgl. Einstieg „*Duell:* Münze gegen Streichholz!?“).

Weiterer Hinweis:

- Die Sicherheitsregeln im Umgang mit Spiritus sind zu beachten!

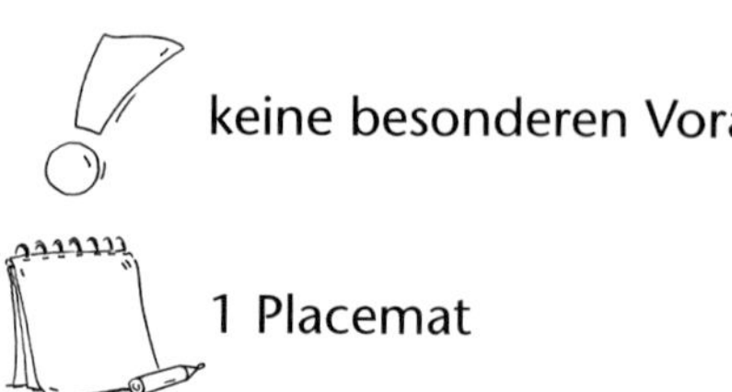

keine besonderen Voraussetzungen

1 Placemat

Durchführung:

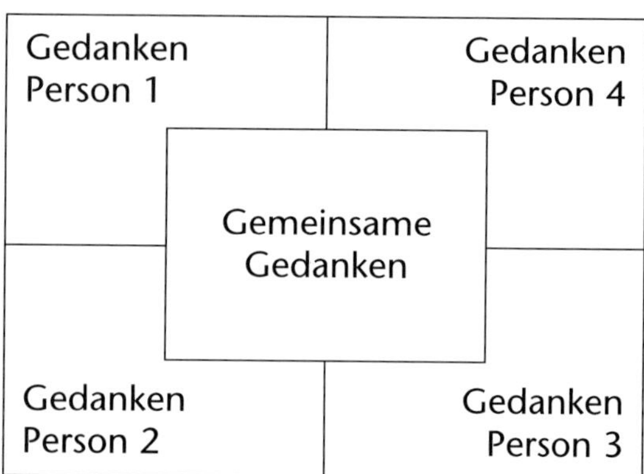

- Die Schüler werden in Gruppen eingeteilt.
- Jede Gruppe erhält ein Placemat (Platzdeckchen / Set).
- Es wird eine Frage oder Aufgabe formuliert.
- Im ersten Schritt wird die Aufgabe in Einzelarbeit bearbeitet. Dazu macht sich jedes Gruppenmitglied Notizen in seinem Feld des Placemats.
- Im zweiten Schritt erfolgt ein Austausch in der Gruppe. Es wird ein gemeinsames Ergebnis formuliert und im mittleren Feld schriftlich festgehalten.
- Im dritten Schritt werden die Ergebnisse der Klasse gesammelt bzw. verglichen.

Beispiel:

- Die Aufgaben zur Ermittlung von Vorwissen und Interesse im Bereich von Radioaktivität und Kernenergie könnten lauten: Notiere drei Dinge, die du über Radioaktivität und Kernenergie weißt. Notiere drei Fragen, die dich beim Thema Radioaktivität und Kernenergie interessieren.

Weiterer Hinweis:

- Im Internet findet man weitere Kopiervorlagen für Placemats.

keine besonderen Voraussetzungen

viele Karteikarten oder Moderationskarten, Papier für Pfeile u. a. Beschriftungen

Durchführung:

- Bei einem Begriffsnetz werden die relevanten Begriffe eines Themas gesammelt, auf Moderations- oder Karteikarten geschrieben und in eine Ordnung gebracht.
- Die Begriffe werden zueinander in Beziehung gesetzt, indem sie mit Pfeilen verbunden werden. Die Pfeile werden beschriftet.
- Begriffsnetze sind im Gegensatz zu Mindmaps nicht hierarchisch und haben Querverbindungen.

Beispiel:

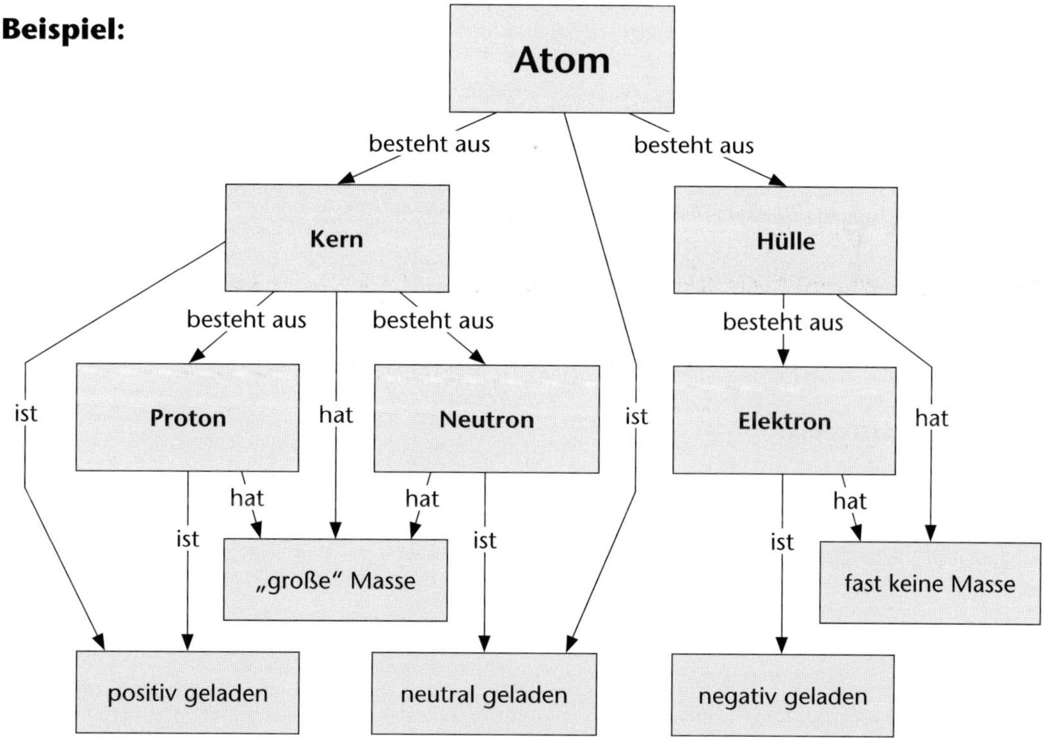

Atom
besteht aus
besteht aus
Kern
Hülle
besteht aus
besteht aus
besteht aus
ist
Proton
hat
Neutron
ist
Elektron
hat
hat
hat
hat
ist
ist
ist
„große“ Masse
fast keine Masse
positiv geladen
neutral geladen
negativ geladen

Weiterer Hinweis:

- Begriffsnetze lassen sich auch gut mithilfe von Computerprogrammen erstellen. Kostenlose Programme sind z. B. „draw.io“ (Online-Tool) oder „yEd“.

keine besonderen Voraussetzungen

Computer und Beamer

Durchführung:

- Wenn ein einzelnes Bild nicht aussagekräftig genug ist, dann können mehrere Bilder zu einer Diashow kombiniert werden. So können mehrere Aspekte eines Themas beleuchtet werden.

Beispiele:

- (1) Es wird eine Diashow zusammengestellt, die Bilder des Kernkraftwerks in Fukushima zeigt. Es können auch Grafiken hinzugenommen werden, die z. B. die Verbreitung radioaktiver Stoffe über das Meer thematisieren.
- (2) Ein weiteres Beispiel ist die Katastrophe von Tschernobyl. Da sie aber länger zurückliegt, hat sie weniger Schülernähe und bedarf ggf. mehr Erläuterungen bzw. Bilder.

© were; Fotolia.com

Weiterer Hinweis:

- Bei diesem Thema ist besondere Vorsicht bei der Auswahl der Bilder geboten. Insbesondere sollten die Bildquelle und die Plausibilität des Bildes besonders geprüft werden.

Internet

1 Computer mit Beamer und Lautsprecher

Durchführung:

- Es wird ein historisches Dokument gezeigt. Das kann ein Text, ein Bild oder ein Film sein.
- Das Dokument wird mithilfe des heutigen Fachwissens bewertet.

Beispiel:

- Es wird ein Video gezeigt, mit dem Titel „Duck and Cover". Das Video ist englischsprachig aber auch für Schüler leicht zu verstehen. Es werden mögliche Sicherheitsmaßnahmen bei einem Atombombenangriff thematisiert. Es diente der Aufklärung von Schülern in den USA in den 50er Jahren.
- An das Video kann sich eine Diskussion über die Auswirkungen einer Atombombenexplosion anschließen. Es stellt sich die Frage, vor welchen Gefahren das thematisierte Verhalten schützt und vor welchen Gefahren es nicht schützt.

Weiterer Hinweis:

- Das Video ist online verfügbar. (https://www.youtube.com/watch?v=IKqXu-5jw60 (17.08.2016))

keine besonderen Voraussetzungen

1 Werbung (Bild oder Film), 1 Computer mit Beamer oder Folie und Overheadprojektor

Durchführung:

- Es wird eine Werbung für ein Produkt gezeigt. Das kann ein Bild sein, aber auch ein Radio- oder Fernsehspot wären denkbar.
- Die Schüler nehmen kritisch Stellung zu der Werbung und bewerten die Aussage der Werbung auf Grundlage ihres fachlichen Wissens.

Beispiel:

- Es wird ein Bild gezeigt, dass ein Kernkraftwerk zeigt, das als Klimaschützer beworben wird.
- Es werden Chancen und Risiken der friedlichen Nutzung der Kernenergie aufgezeigt, ohne dabei Stellung zu beziehen. Dazu gehören die Aspekte Treibhauseffekt und CO_2-Produktion, Sicherheitsrisiken und Sicherheitseinrichtungen von Kernkraftwerken, Endlagerung sowie evtl. Chancen und Risiken von Alternativen.
- Die Schüler nehmen eine eigene Bewertung vor und begründen diese mit Sachargumenten.

Weiterer Hinweis:

- Geeignete Werbeanzeigen findet man über eine Internetrecherche mit den Begriffen „Klimaschützer Kernkraftwerk".

keine besonderen Voraussetzungen

1 Zeitungsartikel als Kopie oder Folie

Durchführung:

- Die Lehrkraft bringt einen Zeitungsartikel mit, der gemeinsam gelesen wird.
- Es werden Fragen zum Text gestellt.

Beispiel:

FUKUSHIMA | Radioaktive Strahlung kann man weder sehen, schmecken oder berühren. Trotzdem haben die Besucher des Atomkraftwerks Fukushima Daiichi Angst. Bereits an der Messstelle vor dem Eingangstor der havarierten Atomanlage Fukushima Daiichi zeigt das Dosimeter der Journalisten eine Belastung von 8 Mikro-Sievert pro Stunde an, 80-mal mehr als die natürliche Hintergrundstrahlung.

In der Anlage sind die Werte teilweise noch um einiges höher, zum Beispiel am weit geöffneten Zugang zum Turbinengebäude von Reaktor 3. Der Tsunami hat das metallene Rolltor zerstört. Der Strahlenanzeiger zeigt hier 1700 Mikro-Sievert pro Stunde an. Die erlaubte Jahresdosis von 1 Milli-Sievert für einen normalen Menschen wäre hier schon nach 35 Minuten erreicht. Ein AKW-Arbeiter hätte sein Jahresmaximum von 20 Milli-Sievert nach zwölf Stunden abbekommen. [...]

Weiterer Hinweis:

- Mögliche Fragen zum Text: Was wird von einem Dosimeter gemessen? Welcher Strahlendosis darf ein Arbeiter in einem AKW ausgesetzt werden? Wie hoch ist die natürliche Strahlendosis? Warum sind die Menschen auf dem Gelände des AKW trotz Schutzanzügen einer radioaktiven Strahlung ausgesetzt? Warum ist es trotzdem wichtig, diese Schutzausrüstung zu tragen?

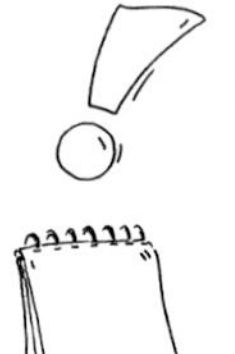

Internet

1 Computer mit Beamer und Lautsprecher

Durchführung:

- Es wird ein Dokumentarfilm gezeigt, der Sachinformationen zu einem Thema liefert.

Beispiel:

- Es wird ein Film gezeigt, der die radioaktive Belastung von Wildschweinen in Süddeutschland als Spätfolge der Reaktorkatastrophe von Tschernobyl thematisiert.

© MEV-Verlag

Weitere Hinweise:

- Der Film kann ergänzt werden um eine Karte. Mit dieser Karte kann gezeigt werden, wie sich radioaktives Material über den Wind in Europa verbreitet hat. So kann die Belastung von Wildschweinen speziell in Süddeutschland erklärt werden.
- Es gibt Lehrfilme, die auch diesen Aspekt behandeln.
- Reportagen findet man auch im Internet mit den Suchbegriffen „Wildschwein radioaktiv".

Jederzeit optimal vorbereitet in den Unterricht?

»